**DESCUBRE CÓMO, DESDE EMPRENDEDORES HASTA TRASNACIONALES, HAN OBTENIDO RESULTADOS SIN IGUAL ¡SIN COMPLICACIONES!**

# INNOVACIÓN SNAP

## ¡HAZLO YA... O ALGUIEN MÁS LO HARÁ!

### G. HERNÁNDEZ
### A. GODÍNEZ

# INNOVACIÓN SNAP

# OTROS LIBROS DE LOS AUTORES

Estos libros pueden ser adquiridos mediante la página www.amazon.com, www.lulu.com o bien mediante Ignius Media directamente llamando al +52 (477) 773-0005 o escribiendo a info@ignius.com.mx.

## El Prodigio

- Integra la Competitividad como herramienta clave en todas las áreas de tu vida.
- www.elprodigio.com.mx
- Ignius Media Innovation, 2008

## Despertar

- Libera el potencial infinito que hay dentro de ti.
- www.despertemos.net
- Ignius Media Innovation, 2009

## Vitaminas para el Éxito

- ¡Consigue lo que deseas!
- www.igniusmedia.com

- Ignius Media Innovation, 2010

## Despertares en Armonía

- Relatos que enriquecen e inspiran el corazón, realizados por Mujeres que comparten su Despertar a la Armonía.
- www.despertemos.net
- Ignius Media Innovation, 2010

## Despertares en Armonía II

- Nuevos relatos que enriquecen e inspiran el corazón.
- www.despertemos.net
- Ignius Media Innovation, 2013

## El Gran Libro de los Procesos Esbeltos

- Los principios actuales de LEAN MANUFACTURING en Industrias, Negocios y Oficinas, ¡Aplicados sin Igual!
- www.igniusmedia.com
- Ignius Media Innovation, 2014

## El Gran Libro de las Mejores Preguntas para Vender - Versión ORO-

- Los secretos de la herramienta más poderosa que puede DUPLICAR TUS VENTAS: Vende Preguntando®
- www.igniusmedia.com
- Ignius Media Innovation, 2014

# El Gran Libro de las Mejores Preguntas para Vender – Versión PLATINO-

- ¡MÁS! de los secretos de la herramienta más poderosa que puede DUPLICAR TUS VENTAS: Vende Preguntando®
- www.igniusmedia.com
- Ignius Media Innovation, 2014

# Lo que la Gente Lista sabe del Aprendizaje

- El aprendizaje es la llave que te permitirá abrir cualquier puerta en tu vida.
- www.igniusmedia.com
- Ignius Media Innovation, 2014

# Planeación Estratégica TOTAL

- Descubre lo que tienes que saber para ser EXITOSO EN LOS NEGOCIOS.
- www.igniusmedia.com
- Ignius Media Innovation, 2014

# Empoderamiento Emprendedor

- SNAP: La Metodología que ha Formado EMPRENDEDORES IMPARABLES.
- www.igniusmedia.com
- Ignius Media Innovation, 2015

## Sé tu Jefe en 6 MESES

- SNAP: La Metodología que ha guiado a los EMPRENDEDORES TRIUNFADORES.
- www.igniusmedia.com
- Ignius Media Innovation, 2015

## SNAP El Innovador Sin Límites

- SNAP: La Metodología que ha guiado a los EMPRENDEDORES TRIUNFADORES.
- www.igniusmedia.com
- Ignius Media Innovation, 2015

## Recursos Humanos HUMANOS

- El proceso ACTUAL para tener Personal Feliz y Organizaciones Prósperas con un Enfoque 100% Humano.
- www.igniusmedia.com
- Ignius Media Innovation, 2015

## Abundancia Ilimitada

- El proceso ACTUAL para tener Personal Feliz y Organizaciones Prósperas con un Enfoque 100% Humano.
- www.igniusmedia.com
- Ignius Media Innovation, 2015

## Liderazgo DEFINITIVO

- Cómo los mejores líderes aumentan su éxito en la vida y en los negocios.
- www.igniusmedia.com
- Ignius Media Innovation, 2016

## SÉ FELIZ SIEMPRE

- Crea el futuro que tú deseas aún cuando pienses que no puedes.
- www.igniusmedia.com
- Ignius Media Innovation, 2016

## Productividad Millonaria

- El camino único que garantiza que logres mucho más en menos tiempo.
- www.igniusmedia.com
- Ignius Media Innovation, 2016

## Estrategia Disruptiva

- Desata el Poder de la Estrategia al MÁXIMO NIVEL.
- www.igniusmedia.com
- Ignius Media Innovation, 2017
-

# Innovación SNAP

D.R. © 2016, Ana María Godínez González y Gustavo Hernández Moreno www.ignius.com.mx

Publicado por: © 2016, Ignius Media Innovation, León, Guanajuato, México
+52 (477) 773—0005
www.igniusmedia.com

| | |
|---|---|
| Diseño de Cubierta: | Pablo Vázquez |
| Diseño de Interiores: | Gustavo Hernández Moreno |
| Corrección de Estilo: | Alonso Pérez |
| | Magdalena Méndez |
| | María Elena Méndez Torres |
| | Martín Méndez |
| Primera Edición: | Agosto, 2016 |
| ISBN: | **978-607-97520-4-0** |
| Registro de Autor: | |

Límite de Responsabilidad / Descargo de Responsabilidad: Tanto el editor como el autor han puesto sus mejores esfuerzos en preparar este libro. No obstante, ellos no hacen o se comprometen a algún tipo de responsabilidad o garantía. Ningún tipo de garantía puede ser extendida por ningún tipo de representante de ventas o distribución. Las recomendaciones y estrategias contenidas en el presente, pueden no ser ajustadas a tu situación en particular.

# ANA MARIA GODÍNEZ

Psicóloga, Empresaria, Escritora, Conferencista, Máster en Dirección Estratégica y Gestión de la Innovación; Experta en Grupos Operativos, Herramientas Avanzadas de Educación y Entrenamiento Dinámico, Liderazgo Transformacional y Ventas; especializada en procesos Industriales y Métodos de Negociación y Solución de Conflictos, cuenta con más de 16 años de experiencia práctica profesional.

Su formación y crecimiento interpersonal la han llevado a desarrollar innovadoras perspectivas en soluciones únicas de Productividad, Liderazgo, Ventas, Estrategia, Marketing, Éxito y Desarrollo Personal, creando un gran poder de transformación y acción, generando enormes beneficios, ventas y utilidades en las empresas y organizaciones asesoradas.

Desde muy temprana edad demostró sus habilidades en los negocios y relaciones humanas, creando emprendimientos de alta calidad, pero sobre todo, siempre orientados a resultados con una amplia perspectiva de futuro. En lo académico se destacó por ser invitada por profesores a compartir sus habilidades en Aprendizaje Acelerado.

Sus habilidades de Comunicación la han llevado a ser ampliamente reconocida por sus "video—entrenamientos" que, mes a mes, llegan a miles de personas en toda América.

Lidera la Fundación Despertar a la Armonía, la fundación de ayuda a la mujer empresaria que ha ayudado a miles de mujeres a estar en armonía con todo lo que le rodea.

# GUSTAVO HERNÁNDEZ

Empresario, consultor y constante conferencista internacional, Ingeniero Industrial, Máster en Dirección Estratégica y Gestión de la Innovación es, también, Experto en Desarrollo Tecnológico, Diseño de Software, Métodos de Solución de Problemas y Creador de Trabajo Eficiente; así mismo Inventor, Fotógrafo, Productor, Editor y Escritor.

Se desempeñó exitosamente como Director General de una reconocida compañía proveedora internacional de la Industria Automotriz, cuyas ventas anuales superaron los $100 millones de dólares entregando sus productos a diferentes y más destacadas marcas continentales como BMW, Toyota y GM entre muchas otras.

A sus logros se suman la creación de diversas empresas de Innovación y Desarrollo de Tecnología aplicada a productos, procesos y servicios, cuyas patentes llegaron a protegerse y comercializarse internacionalmente por sumas mayores a los $20 millones de dólares.

Es un individuo ejemplar, creativo e incansable que está en una continua búsqueda y desarrollo de soluciones que ayuden a cientos de miles de personas y organizaciones a tener mejores resultados y aumentar su nivel de prosperidad, eficiencia y felicidad.

Sus habilidades de definir e implementar estrategias para empresas a nivel multinacional ha logrado que se considere una Autoridad en Movimientos Estratégicos y Ventas Internacionales.

# AGRADECIMIENTO

"Es de bien nacidos ser agradecidos", esa es una de las frases que siempre ha marcado nuestro andar por la vida en todo momento, es una de las enseñanzas más fuertes y que más agradecemos de nuestros padres, y es por esto que agradecemos profundamente a cada una de los cientos de empresas y miles de personas que nos han dado la oportunidad de permitirnos compartir nuestra experiencia y que nos han compartido su experiencia a fin de que tú ahora tengas en tus manos quizá uno de los mejores compendios de innovaciones emprendedoras creados al momento.

Ana María y Gustavo

# DEDICATORIA

Al Dr. Enrique Canales (+) quien con su muy particular manera ha marcado mi vida pero sobretodo porque fue el iniciador formal de mi pasión por el desarrollo tecnológico y la innovación con el cultivo de su fregonería.

Gustavo Hernández

Para Ana, quien ha sido mi compañera de batallas y festejos, mi esposa y mi socia, mi estímulo y pasión, mi fuerza e intensión.

Te Amo

"El Valor de lograr lo imposible está en tu mente y en tu corazón".

Ana María Godínez

# INTRODUCCIÓN

Durante años nos hemos dedicado a que las empresas, instituciones y personas ganen, más mas rápido, y por primera vez compartimos públicamente uno de los métodos que han sido piedra angular en la fórmula que usamos para lograrlo SIN FALLAR. Este método ha tenido como resultado la aceptación exitosa de innovaciones en sectores de altísimo desarrollo y calidad, pero no solo eso, han sido comercializadas en millones de dólares con un alcance mundial, ¿Quieres enterarte de que se trata?.

INNOVACIÓN SNAP presenta una manera práctica de abordar y hacer realidad la innovación desde un punto de vista 100% práctico que ha ayudado a cientos de organizaciones y personas a ser más exitosos a través de los productos, servicios y soluciones que han desarrollado, experimentado, lanzado y puesto en marcha.

Pero, ¿qué hace diferente a Innovación SNAP de los métodos académicos por excelencia?, ¿estamos compitiendo por tener el mejor método?, ¿acaso los otros métodos no sirven o están fuera de actualidad o incluso descontinuados?, los miles de personas que han tenido contacto con nosotros saben que somos un par de personas integradoras de soluciones, entonces no desacreditamos ningún trabajo previo, al contrario, damos tributo total "honor a quien honor merece", pues gracias a todos los trabajos académicos, personales, científicos o industriales es que ahora la humanidad nos encontramos donde nos encontramos, con las maravillas y también consecuencias de nuestros actos, y debemos de aprender de los buenos y mejor aún, ¡de lo excelente!. El enfoque práctico, dedicado, aplicado, sin rodeos, compartiendo lo que importa, lo que es importante, lo que es interesante, lo que construye, lo que transforma, eso querido lector es lo que nos hace diferentes y únicos, sin mencionar claro que la práctica y la experiencia exitosa subrayan nuestra credibilidad.

Innovación SNAP presenta quizá la recopilación más amplia nunca antes hecha para que los interesados en crear y hacer innovaciones y negocios exitosos con el desarrollo tecnológico puedan lograrlo al aprender de los casos de éxito por excelencia, mucho mas allá de las casas de estudio mas prestigiadas para ejecutivos, pues hemos demostrado que con la estructura establecida en este libro se han logrado en diversos sectores resultados fuera de serie.

Nosotros no hemos querido ahondar en teorías retóricas, confusas o ya antes descritas, mejor las ponemos para ti para que por ti mismo puedas conocer lo nutrido, interesante y aventajado que muchas de estas teorías nos presentan incluyendo sus enormes e indudables beneficios.

Nosotros hemos construido sobre los mejores y más robustos pilares históricos de la innovación para que de una manera amena, amigable y de mano suave puedas ir descubriendo, conociendo, aplicando, ampliando y transformado tu idea o ideas en un producto, proceso, servicio o solución que pueda ser real y ayudar a miles internacionalmente.

También sabemos que la innovación no se da a menos que exista un deseo y una persona preparada para ello, por esto es que parte fundamental e inicial de nuestro modelo se centra en desarrollar al Innovador Empoderado, quien es aquel que logra resultados por encima del promedio.

En resumen tienes en tus manos información que multiplica por cientos o miles el valor que pagaste por el, y debes tener la confianza que puedes lograr lo que nunca imaginaste si sigues nuestra orientación, pues, como todos nuestras herramientas y soluciones, están basadas en la experiencia práctica de años de perfeccionamiento.

Somos unos enamorados de la innovación, de hacer las cosas diferentes, de hacerlas inteligentemente como nadie las ha realizado, y esto ¡es posible!, tenemos la inmensa fortuna de haber participado en la creación y nosotros mismos tener marcas multimillonarias, soluciones internacionales, procesos y servicios disruptivos, incluso de haber ganado al momento el tercer lugar a un premio a la innovación, donde nunca antes, y por primera vez en la historia se le ha otorgado a una solución de Software, pero lo mas importante es que nos gusta, nos encanta y nos interesa compartir la fórmula que lo ha logrado a fin de que las personas y organizaciones logren evolucionar y crear un mundo mejor para todos.

Gracias de antemano y éxito en tu jornada de formación y realización como innovador.


Gustavo y Ana.
Directores de Ignius International

# CONTENIDO

# SECCIÓN UNO

## El Innovador Empoderado

# CAPÍTULO I
## Los mitos del Innovador

*"Si quieres cambiar al mundo cámbiate a ti mismo".*

*—Mahatma Gandhi, figura central del movimiento de Independencia indio que abogó por la no violencia activa.*

El tema de la Innovación está increíblemente lleno de mitos alrededor tanto de las personas que innovan como del proceso mismo de innovación; se piensa que es algo que solamente ciertos individuos muy privilegiados son capaces de lograr después de múltiples títulos universitarios, maestrías y doctorados. Algunos llegan a pensar que deben de ser divergentes al comportamiento tradicional de las personas y por eso son alejados, o prepotentes, extraños o ya sabes, la conocida imagen del científico loco que muchos tienen en su mente cuando se habla de la innovación.

Yo personalmente he pasado por ese proceso de innovación una y otra vez, con muy diferentes productos, procesos, empresas y personas, y créeme que soy una persona completamente normal, tal como tú.

La verdad es que todos podemos ser de los innovadores que hacen un cambio radical no solo en la vida propia, sino en la de muchas personas. Lo único que requieres es tener lo que nosotros llamamos Los Datos Correctos.

El que tengas estos datos logrará que veas a la innovación y a la vida desde una perspectiva totalmente diferente; lograrás ver muchas más oportunidades de las que alguna vez pensaste, lograrás brindar más soluciones de las que una vez soñaste y lograrás tener más prosperidad de la que alguna vez te llegaste a imaginar.

Los datos correctos cambiarán tu vida por completo y serás más feliz; y lo mejor de todo es que esos datos son muy sencillos, fáciles de comprender y de llevar a cabo.

Hablando de innovación, hay una docena de libros internacionales que son best sellers y que han puesto el precedente para la gran mayoría de las universidades y centros de investigación. Hay otras 3 o 4 docenas de libros que son muy comerciales y reconocidos internacionalmente y que también hemos leído, y hay cientos de libros y miles de artículos que toman como base todos los libros anteriores (parece que este es un ciclo muy repetitivo en todos los casos).

A nosotros no nos interesa parecer los que más investigación hemos hecho para fundamentar nuestro modelo, o parecer los que tenemos el pensamiento más elevado del universo, o mostrarte diagramas tan complejos que quizá necesites a alguien más a tu lado para lograr interpretarlos, o también hablar con una terminología que nos haga parecer las personas más eruditas o sabias del país.

No, no queremos eso, y no por no parecer eso de arriba el método de SNAP deja de dar resultados.

A nosotros lo que verdaderamente nos interesa es ¡QUE INNOVES! Y por lo tanto, que te vaya extraordinariamente bien en el presente y en el futuro.

No nos interesa que seas "capaz de innovar de forma ininterrumpida", pues en el mundo existen millones de personas que son capaces de innovar, millones y millones que lamentablemente... ¡no lo hacen!... ¿entonces de qué sirve que sean capaces de innovar?.

Además nos interesa sobremanera que innoves tanto en las pequeñas como en las grandes cosas de una manera totalmente productiva. Es decir, donde elimines o al menos disminuyas el desperdicio que hay en las actividades que realizas en el día a día. Según nuestra experiencia de más de 25 años en el tema, el desperdicio se encarga de extender más de 10 veces el tiempo que algo en realidad debiera de tomar si se hace de una manera eficiente.

Queremos que innoves, y este libro incluye el compendio o un resumen breve, conciso y sustancial de los casos de éxito innovador más relevantes del momento para que tú puedas constatar por ti mismo que hay casos exitosos en áreas tan increíbles, amplias y diversas que te quedarás asombrado. Este es un libro sin igual que te brinda el conocimiento más las referencias para que innoves, escrito de una manera compresible y diseñado especialmente para hablarle a tu mente, destapar todas las creencias y eliminar todas las limitaciones que puedan estar frenando tu verdadero ser creativo e innovador.

Verás, desde nuestra perspectiva son dos cosas: debes tener los Datos Correctos, y debes tener la Mentalidad Correcta. Si no tienes la mentalidad correcta la probabilidad de que no innoves se aumenta enormemente, y es por esto que el Método de Innovación SNAP da enormes resultados consistentemente en las empresas e instituciones que lo implementamos: porque se enfoca en primero tener la mentalidad correcta y luego en adquirir y dominar los datos correctos, y de esta manera se innova de manera indiscutible.

Así que abordemos esta primera parte de los Mitos del Innovador para prepararnos y tener una Mentalidad Correcta ¡y comiences a ser un Innovador SNAP!

## Necesito mucho dinero para hacerlo

Quizá es uno de los pensamientos más comunes en toda persona o en la mayoría de las personas, pues dicen "para todo se necesita mucho dinero", pero la experiencia nos ha demostrado una y otra vez que esto es Falso.

No necesitas una fortuna para ser innovador, pues (*lee cuidadosamente*) la capacidad de innovación radica principalmente en la observación, análisis y reconfiguración de las cosas, y todo eso sucede en tu mente, en tu cerebro y para eso mi amigo o amiga… ¡No necesitas dinero! Bueno, para todo lo demás es cierto que necesitas dinero, pero es preferible tener una persona que es innovador y no tiene dinero porque de alguna manera se moverá para conseguirlo.

Ciertamente el dinero es fundamental, pero hay innumerables maneras de conseguir o atraer dinero. Muchas de las cosas que cuestan bastante son los análisis, los prototipos y ni qué decir de la contratación del personal o de profesionales que se ocupan para el desarrollo y expansión de la innovación o del negocio, pero para todo eso mis amigos, existen múltiples maneras de obtener fondos y dinero.

El tema más importante es que la mente se encarga de la innovación, porque debemos "ver" con la mente, debemos "ver" la oportunidad como si fuera una aguja en un pajar y hay muchas agujas de innovación que son enormes. No pienses que es como sacarte la lotería, ¡no!; muchas innovaciones de hecho son bastante básicas aunque no lo creas. El tema es que miles de personas no las vieron y hubo alguien preparado (no solamente con fortuna) que sí las vio y lo más importante… las ejecutó.

## No vengo de una familia de personas innovadoras

Es increíble todo el menosprecio que pueden llegar a tener las personas, el menosprecio o las justificaciones (creativas o no) que pueden tener, y esta de que no vienen de una familia en donde existan innovadores, o científicos, o parientes bien inteligentes, o familiares con doctorados nacionales o del extranjero y tantísimas cosas más que las personas se dicen a sí mismos para justificar que no son innovadores son ¡puras estupideces!

De hecho, está demostrado que el mundo cambia gracias a esas personas, y el cambio vino gracias a que decidieron hacer algo al respecto. No decimos que la preparación y el entorno no son importantes, claro que son muy importantes porque aumentan la velocidad y probabilidad de éxito (ojo que uso *probabilidad* de éxito); lo que comentamos es que no es determinante para que seas exitoso.

Gustavo no viene de una familia de inventores consolidados destacados por el número de patentes generadas y comercializadas internacionalmente, ni de doctorados en su familia, ni de científicos o personas bien colocadas en centros de investigación u organismos de investigación, o de miembros del SIN (Sistema Nacional de Investigadores), sin embargo ha patentado y ha ayudado a muchos otros a hacerlo de manera consistente.

Nosotros no venimos de familias de literatos o expertos en propiedad intelectual, y juntos tenemos a la fecha más de 18 libros publicados con 8 best sellers y 2 libros traducidos, y tenemos la firma más valiosa por nuestros activos intelectuales como marcas y derechos de autor dentro de nuestros competidores internacionales.

Así que si crees que tu entorno pasado determinará tu futuro, ¡pues cambia de entorno, crea tu entorno, busca tu entorno, muévete!, porque tu pasado de ninguna manera determinará tu futuro.

## Nunca fui bueno para la escuela

Por alguna extraña razón, en muchísimos lugares alrededor del mundo se tiene la creencia que para "ser alguien en la vida" debiste haber sacado buenas calificaciones, o estar en el cuadro de honor, o haber sido un alumno o alumna destacado, o que a esos "cabecillas" sí les va a ir bien en la vida… y muchas otras tonterías.

No estoy diciendo que seas un burro. No, para nada. Lo único que debes de saber es que de nada te sirve una cabezota (llamémosle así a tener millones de datos almacenados dentro de tu cabeza) y tener un cuerpecito (llamémosle así a que no haces nada productivo con tanto dato, importante o no, que tienes en la cabeza).

El hecho es que necesitas poner a trabajar los pocos o muchos datos que tengas. Nosotros nos hemos encontrado con personas en diferentes partes del mundo que son personas, como se dice, "comunes y corrientes", y que han logrado cosas maravillosas, innovaciones fantásticas para la humanidad. Verás en todo este libro docenas y docenas de ejemplos que son muestra clara de ello.

No importa lo que fuiste, lo que importa es que tengas los datos que aquí te vamos a compartir y que son datos que se han puesto en práctica y han resultado en soluciones fuera de serie.

La escuela, ya sea los primeros grados, la universidad, maestrías y doctorados buscan darte un contexto general aceptado para que puedas despegar. Y ciertamente logran aumentar las posibilidades de éxito, pero no lo determinan de ninguna manera, tú determinas tu propio éxito dependiendo de la manera en la que te muevas.

## A muchos innovadores no les va tan bien como parece

No puedo negarlo: es cierto que hay muchas personas que acaban mal económicamente, sobre todo aquellas que no tienen una buena relación o preparación de manejo del dinero. El ser un innovador es la maravilla más grande del mundo, pues este tipo de personas aporta enormes beneficios de alto valor a la humanidad; incluso cuando se trata de innovaciones básicas o de modelos de utilidad sencillos son soluciones que a muchas personas benefician, y al hacerlo el Universo mismo se encarga de recompensarlos con abundancia.

El ser innovador trae muchas ventajas tanto económicas como sociales: te permite crecer en contexto o en conocimiento de las cosas, te permite relacionarte con personas nacional o internacionalmente, te permite conocer nuevas culturas, te permite romper tus paradigmas o creencias arraigadas al conocer las de otras personas, te permite ampliar tu nivel de diálogo y de comprensión de lo que no sabes, abre tu capacidad de asombro pues estás de frente con cosas, reacciones o conocimientos que muchas veces se ven por primera vez, y hasta puedes tener la oportunidad de cambiar el rumbo de la Humanidad en ciertos caminos. Y no es algo romántico, es algo que en este libro verás, aprenderás y pondrás en práctica.

# El dinero es malo

Bueno, pues esta es la peor estupidez que muchas personas creen, y esta creencia es una de las más limitantes y que estorba en la mente incluso antes de iniciar un proceso de crecimiento profesional o innovador.

Las personas que tienen esta creencia simplemente ven pasar a diario oportunidades, buenas oportunidades, excelentes oportunidades de crecer económicamente y no las ven, ¿por qué no las ven?, porque como aprendieron que el dinero es malo su mente las bloquea o "se hace tonta" y no las ve. Es por esto que estas personas siempre andan mal económicamente.

Este tipo de personas, al estar en una empresa o institución y ser invitadas a participar en algo que tiene muy buenas probabilidades de convertirse en una innovación que genere millones de dólares, a lo mejor trabajan como cualquier otra persona, pero, como su mente dice: "el dinero es malo", de múltiples maneras su mente la saboteará y resultará en que las cosas no funcionan "porque el dinero es malo y esto va a generar mucho dinero"... ¿me sigues?

Tienes que cambiar tu creencia y la nueva es que: "el dinero es bueno", pues gracias al dinero se tienen instalaciones, gracias al dinero se compran cosas, gracias al dinero puedes usar una computadora, gracias al dinero puedes comer, gracias al dinero puedes prepararte y gracias al dinero, en pocas palabras, puedes vivir en una casa.

El dinero es bueno y en la medida en que tú tengas más dinero, y que tu empresa o institución tenga más dinero y que tu región tenga más dinero, podrás generar más cosas maravillosas en poco tiempo que no solamente te beneficien a ti, sino que beneficien al mundo entero.

El dinero es bueno, y debes asegurarte que saque lo mejor de ti, que sea usado éticamente, que sea administrado de tal manera que haga crecer el valor agregado que aportas y que logre incentivar el desarrollo de más personas y organizaciones.

## La innovación no paga bien a la larga

Este mito lo hemos escuchado muchas veces; parece como una epidemia en la mente de muchas personas. La realidad es que la innovación es una de las mejores inversiones que puedes hacer en tu vida.

En el mundo real, o trabajas para alguna organización o tú eres el dueño o director de la organización. Te explicaré algo muy importante: independientemente del rol que juegue, aquella persona que es innovadora siempre será seleccionada por encima de quienes no lo son.

¡Es cierto en el 100% de las veces! ¿Por qué? Simple: a las organizaciones les interesan las personas que aporten más valor a las organizaciones mismas. Claro que hay muchas organizaciones y patrones que parece que se quieren quedar en la prehistoria, pero tú deberás elegir entre la seguridad o tu desarrollo personal.

Siempre la innovación es la mejor inversión, y en las docenas de ejemplos que investigamos especialmente para la creación de este libro se demuestra una y otra vez: si eres inventor, ¡genial!; si trabajas para una institución, ¡genial!; si eres SIN, ¡genial!; si eres un empleado y creas una innovación, ¡genial!; si eres una persona común y corriente que crea una nueva tecnología, ¡genial! La innovación siempre es la mejor inversión, es la que paga más por tu trabajo. Con ella bien empleada, puedes trascender hasta donde nunca imaginaste, y eso es una de las mayores satisfacciones del ser humano.

Recuerda algo muy importante: la mente es la mejor arma que tenemos, pero si no tienes los pensamientos adecuados, esa arma te estará apuntando a ti y no te permitirá desarrollarte con todo lo que puedes llegar a ser.

Asegúrate de colocar la intensión y los pensamientos adecuados en tu mente. Asegúrate de ser siempre ético en tus acciones y trabajar intensamente, y verás que *la innovación es la mejor inversión*.

Lee cuidadosamente los casos que investigamos para este capítulo, analízalos y amplía tu conocimiento: son casos reales de innovaciones trascendentales que personas como tú y como yo lograron.

# CASOS DE INNOVACIÓN

### NEST LABS:

*"Iniciamos Nest porque queríamos esas cosas para nosotros, dentro de nuestros hogares". (Nest.com)*

**Nest Labs** es una empresa de automatización doméstica con sede en Palo Alto, California, que produce termostatos, detectores de humo impulsados por sensores y otros sistemas de seguridad, con la gran innovación que estos son habilitados para Wi-Fi, auto aprendientes y programables.

Co-fundada por los antiguos ingenieros de Apple Tony Fadell y Matt Rogers en 2010, la start-up rápidamente creció hasta tener más de 130 empleados a finales de 2012.

La idea le surgió a Fadell cuando estaba construyendo su casa de verano y se encontró con una gran variedad de termostatos disponibles en el mercado. La mayoría de ellos eran inadecuados.

Motivado por esta experiencia y de traer algo mejor al mercado inició su proyecto. Los primeros inversionistas de NEST Labs eran las grandes firmas: Shasta Ventures y KPCB (líderes en inversiones de start-ups y consideradas de las mayores casas de inversiones de Silicon Valley).

La historia de NEST se resume cronológicamente de la siguiente manera:

Se inaugura en Mayo del 2010 con sólo 16 personas. En diciembre de este año lanzan su prototipo de termostato el cual no tiene nada de diseño estético pero sí funcional.

En septiembre del 2011 su equipo crece a 70 personas e inician con su laboratorio formalmente en el 900 de Hansen Way, en Palo Alto, Ca. Un mes después se lanzan al mercado estadounidense con Nest Thermostat. Para abril del 2012 la aceptación de Nest los llevó a poner en iStore su app para el control de los termostatos y en junio del mismo año lanzan sus productos en amazon.com.

En octubre del 2012, un año después de su primera aparición, renuevan su línea con un diseño más audaz. A partir de 2013 su enfoque ahorrador se hace más presente y para septiembre del 2013 los Nest Thermostats han ahorrado ¡Mil millones de kWh! Esto es suficiente energía para cargar todos los celulares en Estados Unidos de América por dos años. Ese mismo año en octubre, lanzan su alarma para humo y se expanden al Reino Unido.

Después de cuatro años de grandes aciertos e ideas innovadoras, Nest Labs es adquirida por Google por $3.2 mmdd (tres mil punto dos millones de dólares), transacción que se llevó a cabo de un día a otro (literalmente). Con este dinero podríamos darle $26 (USD) a cada mexicano y aún tendríamos dinero de sobra.

El interés de Google al adquirir Nest Labs queda claro, pues en el 2015 lanzan Nest Cam, una cámara de alta tecnología y definición, capaz de sincronizarse con dispositivos móviles. Esto es un claro ejemplo de cómo una pequeña idea puede detonar en un boom tecnológico que termine por interesar a Google.

Si deseas conocer más sobre Nest Labs, su historia o productos, te invitamos a que visites: www.nest.com

## PATENTES EN EL MUNDO DE LA TECNOLOGÍA:

Las patentes tecnológicas se han vuelto un gran commodity (mercancía) entre las grandes empresas de América, pero también en el amplio mundo de las tecnologías de la información.

Pero, ¿por qué comprar una patente? Bueno, eso te permitiría demandar a cualquiera que la usara sin tu autorización. Además puedes ampliarla y usarla para mejoras a productos ya existentes. Y si esto no te hace querer patentar o adquirir una patente, deberías tener también en mente que es algo en donde las grandes compañías tecnológicas invierten cantidades inmensas de dinero.

Uno de los mayores ejemplos y de los más ostentosos del 2012 (según Business Insider), fue la venta que realizó en abril AOL a Microsoft por 925 patentes y la modesta cantidad de ¡$1.05 mmdd! Dinero suficiente para vivir 120 años en la Royal Suite del Burj Al Arab, en los Emiratos Árabes Unidos.

Esta estratosférica compra fue descrita por The New York Times como: "El altísimo precio... refleja el rol crucial, y que va en incremento, que juegan las patentes en el mundo de los negocios y de las estrategias legales de las mayores compañías tecnológicas, incluyendo Microsoft, Google, Apple, Samsung y HTC."

El tipo de patentes que produce AOL son del ámbito informático. AOL Inc. es una compañía multinacional de medios masivos; se encarga de desarrollar, crecer e invertir en marcas y sitios webs. Además de abarcar en la distribución digital de contenido, productos y servicios, los cuales ofrece a consumidores, editores y anunciantes.

Por otro lado tenemos a Microsoft, empresa encargada del desarrollo, manufactura, licencias, mantenimiento y venta de softwares computacionales, artículos electrónicos y computadoras personales. También es conocido por ser el desarrollador del sistema operativo Windows, del juego de oficina Microsoft Office, de Internet Explorer y de su más reciente buscador Edge.

No sorprende entonces que, después de la baja popularidad de Internet Explorer frente a otros buscadores, Microsoft buscara mantenerse en el mercado en tecnologías de información comprando patentes tecnológicas; esto le da cierto poder y control sobre otras compañías, aquí es donde se ve la estrategia legal.

Esto demuestra claramente que una o más patentes en el momento adecuado y en las necesidades indicadas, pueden hacer que un monstruo las busque y compre. Así que por qué detenerse en patentar algo, uno nunca sabe quién pueda estar detrás de esa idea.

Fuentes: www.businessinsider.com/most-lucrative-patent-sales-of-2012

## MASON JARS:

Seguramente los has visto. De repente se pusieron de moda, con todas las cosas "vintage": son unos frascos de cristal con tapa metálica. Una idea demasiado sencilla pero que ha tenido mucho, pero mucho éxito en estos últimos años.

Ball Corp es una empresa que provee paquetes y empaques para bebidas, comida y otros productos del hogar. También brinda productos especiales para servicios comerciales e instituciones gubernamentales.

Seguramente nunca imaginaron que uno de sus productos más antiguos y de los más sencillos, cobraría tanta fuerza e interés por los consumidores. Los Mason Jars fueron inventados y patentados desde 1858, por John Landis Mason. Este invento lo llevó a fundar su compañía en 1880.

La compañía se ha mantenido en estable crecimiento desde entonces, y ha logrado consolidarse muy bien en el mercado a través de todos estos años, de hecho está probando suerte en la industria aeronáutica, cosa que definitivamente no tiene nada que ver con sus inicios, pero eso es muestra de visión y buscar expandirse a lugares poco explorados.

Actualmente la compañía está valuada en $9.9 mil millones de dólares, y sin duda ha retomado su camino por una moda (quizás pasajera) que revivió uno de sus inventos más empolvados.

Puedes visitar su perfil en: www.forbes.com/ball

# MODELOS Y TEORÍAS DE INNOVACIÓN

## EL DILEMA DEL INNOVADOR

¿Por qué empresas buenas perdían su dominio de mercado aun cuando seguían buenas prácticas de negocios (escuchaban a sus clientes y se enfocaban en sus productos más rentables)?

Irónicamente estas buenas prácticas de negocios, que normalmente mejoran los productos y servicios, llevaron a que las empresas no respondieran ante nuevos productos y tecnologías. La razón: las nuevas tecnologías disruptivas, que requieren cambios radicales en producción y mercadeo, y que aún no han encontrado un mercado.

Así, mientras el mercado crece, para el momento en que estas compañías respondan, ya es muy tarde para beneficiarse: las empresas más pequeñas han respondido primero y han tomado el liderazgo.

Si las empresas entienden el problema, pueden lidiar con las nuevas tecnologías de forma productiva. Por ejemplo, pueden establecer empresas aparte (spin-offs) para moverse dentro de nuevos mercados.

Aterrizando esto tenemos a Blockbuster, empresa que llegó a valer $8.4 mmdd y que en el 2000 perdió la oportunidad de comprar Netflix por $50 millones de dólares (actualmente Netflix vale arriba de los $4 mmdd) y que terminó siendo comprada por Dish Networks en una subasta por $233 millones de dólares.

Poniendo esto en perspectiva: la diferencia del valor de Blockbuster en su apogeo con el precio con el que fue comprada es de $8.167 mmdd; esto es suficiente dinero para construir 31 estadios Azteca.

Esta situación nos hace plantearnos diversas preguntas: ¿Conviene hacer inversiones en start-ups? ¿Si tengo una clientela alta, "asegurada" y frecuente, debería cambiar la perspectiva de mi negocio? ¿Con qué frecuencia es conveniente hacer estos cambios? ¿Los spin-offs son gastos innecesarios o inversiones a largo plazo?

# CAPÍTULO II
## Preguntas de Preparación Innovadora

*"Me interesa el futuro porque es el sitio donde voy a pasar el resto de mi vida"*

*—Woody Allen, actor, director y escritor estadounidense ganador del premio Óscar a mejor director.*

Cuando tienes un propósito claro en tu vida, en tu trabajo, en tu mente, tendrás miles de puertas y opciones que se te abren en tu camino. No importa qué tan fácil o difícil es: si tienes un propósito verás que literalmente puedes cambiar tu mundo.

Existen miles de personas que se encuentran buscando la teoría más completa o la más compleja. Hay quienes quieren la última teoría o término que acaba de ser acuñado por un autor reconocido. Hay quienes en sus charlas de café tienen ya incrustados los últimos términos rimbombantes al respecto de la innovación, la tecnología o la teoría de moda, pero, ¿cuántos de ellos están realmente trabajando en eso?.

A nosotros nos interesa, como lo hemos dicho anteriormente, que seas muy exitoso en la innovación. Nuestro método SNAP® lo ha logrado y te compartiremos cómo lo puede hacer también contigo.

Nosotros, al estar en contacto con miles de personas, nos hemos enterado que cada una de esas personas tiene "sus razones", y que esas razones son el motor fundamental por lo que la persona opera así en su vida. Muchas de esas razones son conscientes, externas, y la persona misma las ve y las reconoce; muchas otras de ellas son inconscientes, internas y la persona no las ve ni las reconoce. Pero sus actos son generados a partir de ese par de razones, así que lo mejor es siempre exteriorizar y hacer conscientes todas las razones que tengas y en esa medida sin duda serás más feliz y exitoso.

En este capítulo verás algunas preguntas que cuidadosamente hemos escrito para abrir tu contexto y preparar tu mente, que es lo más importante.

Te pedimos que tomes tu tiempo pero que contestes a profundidad cada una de ellas, puedes hacerlo sobre una hoja aparte o en computadora o sobre el libro mismo, pero asegúrate de contestar todas y cada una a conciencia y con profundidad, este no es un cuestionario "X", vago o sensacionalista. Esta es una preparación para comenzar a ser exitoso en tu vida misma si tú, como muchos otros, lo ha creído y lo han logrado.

## ¿Por qué exactamente quieres ser un innovador o innovar en algo y no ser del montón?

_____

_____

_____

_____

## ¿Cuál es tu estilo de vida IDEAL?

Es importante que visualices ese futuro; para este ejercicio no te apures pensando en cómo lo vas a lograr o que hoy no sea real para ti. Te invito a que pienses que ya pasaron 10 o 15 años y ya estás en el futuro, ahora imagínate y responde de una manera clara, descriptiva, profunda y detallada:

¿Dónde quieres vivir?

_____

_____

¿Cómo vacacionas?

¿Qué cosas posees?

¿Qué beneficio estás dando a la sociedad?

¿Dónde estudian tus hijos?

¿Cómo esperas retirarte y a los cuántos años?

¿Cómo tus innovaciones han evolucionado?

¿Cómo has evolucionado tú como innovador?

## ¿Qué estás dispuesto a hacer actualmente para lograr ser un innovador?

Muchas personas piensan erróneamente que la innovación es un "suceso" (es decir, algo que simplemente aparece o pasa instantáneamente o como por arte de magia) pero no. La innovación es un "proceso" (es decir una secuencia de pasos, acciones y actividades que pasan en secuencia durante un tiempo apoyadas con un trabajo intensivo) que requiere de mucho trabajo, mucha observación, mucha intensión, mucha preparación y mucho apego para lograr lo que nadie ha logrado antes, y en este libro hemos creado el plan perfecto para que lo puedas lograr en el menor tiempo y con el menor uso de recursos, así que deberás estar dispuesto a ciertas cosas fundamentales.

Aquí tienes que encontrar el costo a pagar antes de empezar. Es decir, esos sacrificios que harás para llegar a lo que quieres, por ejemplo: levantarse temprano o acostarte más tarde, si vas a dejar de hacer ciertas cosas y qué cosas vas a hacer.

Tienes que poner todas las cosas que SÍ vas a hacer y **estás dispuesto** desde este momento a hacer.

Las cosas que estoy dispuesto a hacer son…

_____

_____

_____

_____

## ¿Con quién te puedes relacionar para ser un Innovador exitoso?

Te invito a que enlistes 5 personas que estén en tu entorno, en tu ciudad, a las que tengas acceso y con las cuales vas a querer relacionarte. Es decir, para de repente tomarte un café al mes cuando se te atore algo y puedas solicitar su ayuda y consejo. Es importante que identifiques estos recursos dentro de tu red de *networking*.

Si no se te ocurre a quién, empieza a leer sobre personas exitosas. Tal vez no vayas a tener el contacto físico o presencial, pero sí vas a conocer cómo piensan y como lograron lo que tenían como un sueño.

Para nosotros ha sido un tanto difícil el reunirnos con personas para crear lo que llamamos "mente maestra", pero lo logramos a pesar de todo. Hemos buscado y nos hemos reunido con personas súper interesantes y sabemos que cada vez más puertas serán abiertas pues la persistencia es la madre de todos los logros. No ha sido algo fácil, pero estamos muy orgullosos de los amigos que nos rodean y de los consejos que nos dan para ser cada vez mejores innovadores; siempre hemos creído que el agradecimiento es fundamental para el crecimiento y cada persona, cada idea, cada punto de vista es aceptado para construir un mejor criterio que nos lleve a tener el mejor resultado para muchas personas.

Eso te lo recomiendo, pero tampoco dejes de lado el identificar una o dos personas que puedan estar cerca de ti y que te puedan ayudar. Así que te invito a proponer por lo menos 5 personas con las que puedas tener contacto o te puedas identificar.

Para mi propósito innovador, me puedo relacionar con...

_____

_____

_____

_____

_____

_____

## ¿Tengo una pareja, amigos o familiares que me apoyan?

Es importante buscar en tu entorno más cercano quién te apoya para que seas un Innovador. Por ejemplo, en mi caso mi pareja siempre me apoyó a que yo fuera innovadora; él estaba trabajando pero siempre tuve todo su apoyo total para que yo fuera haciendo mis "pininos" en los negocios y fuera experimentando.

En ese momento él era mi novio. Fue un impulso muy importante para que no desistiera o dejara de hacer lo que tanto deseaba. Y yo por mi lado siempre lo apoyé en sus decisiones innovadoras, algunas de ellas muy avanzadas al momento en que vivíamos, muchas veces incomprendido o luchando contra los "estabilistas" (un término que en nuestro libro El Prodigio acuñamos y damos vida); así me encontraba yo a su lado dándole fuerzas y propuestas para crear la manera más clara de dar a conocer sus ideas.

La innovación, como todo, es un trabajo que si se hace en equipo es mucho más vigorizante y fácil de lograr. No quisieras estar buscando algo que nadie ha encontrado y además estarte peleando o convenciendo a tus más llegados.

## ¿Qué tanto conozco de la industria o negocio en el que quiero innovar o al que quiero entrar?

Revisa si de verdad tienes la información o solamente es una idea "fugaz" que se te ocurrió de un día para otro. ¿Tienes idea de qué exige el mercado, de cómo operan los mercados, qué competidores hay? Si lo sabes, ¡perfecto! Y si no, tienes que INFORMARTE: nunca está de más conocer sobre el mercado al que quieres penetrar.

La historia nos ha demostrado que no es necesario ser el gurú del mercado en el que quieres innovar, pero nuestro punto de vista es que sí te es de gran ayuda para acelerar el proceso, aunque para muchos el saberse "conocedores del mercado" (AKA: gurús del mercado) les estorba tanto que no hacen nada.

_____

_____

## ¿Qué necesito aprender rápido de la industria o del negocio?

Hay industrias que requieren ciertos procesos especializados para ser exitoso en ellas. Si este fuera tu caso, eso lo tienes que aprender súper rápido, para que empieces inmediatamente a dar resultados. Es muy importante que comprendas perfectamente bien que lo que el mundo requiere de ti son RESULTADOS.

Como innovador, el mundo quiere que tengas un resultado, que lo tengas rápido y que se pueda beneficiar el mayor número de personas de esos resultados que obtuviste. Es fundamental que lo entiendas porque en muchos falsos innovadores existe la creencia que lo que se espera de ellos es que pasen media vida analizando o discerniendo y bla, bla, bla... ¡NO! Lo que el mundo necesita de los innovadores son ¡RESULTADOS!... obviamente positivos.

Tú tienes que ver TODO lo que se tiene que ir haciendo en el negocio, lo que puedas hacer y te guste hacer, eso te va a permitir ahorrar dinero.

Las cosas que tengo que aprender rápido son...

_____

_____

_____

_____

_____

_____

_____

## ¿Cómo lo que pienso innovar o crear es muy diferente de lo que hacen mis competidores?

No te permitas salir con lo mismo que los demás competidores están dando al mercado. Ponle un "Extra Maravilloso". El punto es que te impongas el reto de no hacer o salir con una innovación que es parecida a tus competidores. Al final, si haces lo mismo, vas a terminar repartiéndote rebanadas del mismo pastel de ese mercado del que todos están comiendo. Sube el reto y agrega un "Extra Maravilloso", para que tengas un diferencial que te permita cautivar y enamorar a ese mercado.

Lo que haré diferente a los competidores es…

_____

_____

_____

_____

_____

_____

## ¿Exactamente qué le interesa al cliente o qué problemas necesita que le sean resueltos?

Muchas veces queremos sacar el producto o el servicio pero no conocemos qué *exactamente* hay en la mente de los clientes. Es muy importante que te entrevistes con ese mercado, que le preguntes, que valides si realmente lo que tú piensas y que les vas a dar va satisfacer una necesidad; si no haces esto no vas a satisfacer una necesidad, y este mercado no verá atractivo lo que le estás ofreciendo. El haber escuchado al cliente con atención nos ha llevado a invenciones multimillonarias, ¡es increíble que no se observe y escuche al cliente! Él estaría dispuesto a pagar prácticamente lo que sea con tal de que le soluciones la vida, le ayudes a ganar más o le hagas más confortable su existencia; esta es una de las actividades más relevantes del Innovador SNAP®: el aprender a observar y escuchar al cliente.

Las cosas que le interesan al cliente o las que espera que sean resueltas son...

_____

_____

_____

_____

_____

_____

_____

_____

Escríbenos a info@ignius.com.mx y coméntanos cómo es que este capítulo te ha ayudado y como cada uno de los ejemplos y teorías que te compartimos te pueden impulsar a formarte como un innovador exitoso, ¡nos encantará saber de ti!

# CASOS DE INNOVACIÓN

## LA MUJER MÁS PODEROSA DE MEXICO, 2015:

Siempre discreta y con un bajo perfil, **María Asunción Aramburuzabala** es una de las mujeres más adineradas del mundo. Su riqueza se incrementó de 5,000 millones de dólares (mdd) en 2013 a 5,600 mdd este año (2015). Estos 600 millones de dólares extras son suficientes para grabar 3 veces la película de Iron Man 3 (collider.com)

Ocupa el puesto número 6 de la lista Forbes de los mexicanos más ricos en 2015 y el 265 a nivel global. Es presidenta y directora general del fondo de inversión Tresalia Capital, dueña de la tecnológica KIO Networks, con la que ha invertido en telecomunicaciones, salud, inmobiliario, infraestructura y educación. Además, aún tiene influencia en Grupo Modelo.

¿Pero cómo consiguió ese puesto y qué demonios es Tresalia Capital?

Mariasun (como es conocida) es egresada de la carrera de contador público en el Instituto Tecnológico Autónomo de México.

A la muerte de su padre, Vicepresidente Ejecutivo de Grupo Modelo, Mariasun encabeza la formación de una nueva empresa a la que llaman Tresalia Capital y cuyo nombre se deriva de la sólida unión familiar que surgió entre su mamá, su hermana y ella. Su significado real es "tres aliadas".

Tresalia Capital amplía y diversifica los negocios de los Aramburuzabala realizando inversiones directas en importantes empresas mexicanas, creando Fondos de Capital Privado y Venture Capital (Capital Riesgo) y consolidando la creación de nuevas empresas. Además, Tresalia se distingue por apoyar, mediante la aportación directa de capital, proyectos de inversión de jóvenes empresarios.

Es suficientemente conocida por sus inversiones en grandes corporativos, como Televisa años atrás y en Grupo Modelo. Lo que pocos saben es que en el inestable negocio de los bienes raíces, la influyente empresaria mexicana es una jugadora consistente y certera.

En dos décadas, Aramburuzabala acumuló un vasto portafolio de propiedades en varios puntos del país y ahora suma un grupo de nuevos desarrollos de diverso tipo, sobre todo en la Ciudad de México. En total, los proyectos con su firma equivalen a dos millones de metros cuadrados; es decir, ¡el doble de lo que hoy día se construye en nuevos espacios corporativos en la capital! Su sello en este terreno es Abilia, que opera a través de Tresalia Capital.

Hay algunas claves en la fórmula que ha permitido a Aramburuzabala y a su equipo consolidarse como uno de los más importantes desarrolladores de usos mixtos en el país. Todo se debe al proceso de institucionalización de la compañía, que permitió desde 2006 hasta el día de hoy crear comités de inversión, auditoría y de compensación, entre otros, con la finalidad de evitar conflictos de interés, que afecten la credibilidad de la firma. La diversificación, constancia, confianza e inversiones tanto conservadoras como de riesgo, han permitido que Mariasun haya conseguido el papel de la mujer más poderosa de México.

Fuentes

www.forbes.mx/las-10-mujeres-mas-poderosas-de-mexico-en-2015/

/www.forbes.com.mx/maria-asuncion-aramburuzabala-en-los-negocios/

## ÜBER:

¿Alguna vez pensaste en la idea de tener un chofer personal al que le pudieras pagar vía transferencia electrónica y que pudieras pedirlo a través de una App para tu móvil? Pues bueno, esta "simple" idea la llevaron a cabo en 2009 Garrett Camp y Travis Kalanick, creando Über.

En 2009 la compañía recibió un fondo semilla de $200,000 (USD); para el año siguiente la prometedora empresa recaudó $1.25 millones de dólares para fondearse. Y para finales del 2011 Über ya alcanzaba los $44.5 mmd en fondos.

La compañía se expandió a una nueva ciudad por mes iniciando en mayo del 2011, comenzando con ciudades como New York, Chicago y Washington D.C. La primera ciudad a la que llegaron fuera de su país fue a París en diciembre de 2011.

La rápida aceptación tanto dentro como fuera de los Estados Unidos, hizo que en el transcurso del 2012 y 2013 la empresa se expandiera rápidamente. Operando en Toronto, Londres, Sidney, Singapur, Johannesburgo, Seúl y Tijuana. Por mencionar las primeras ciudades a las que llegó esta brillante idea.

Pero... ¿Qué ha hecho que esta empresa valga actualmente $50 mmdd? ¿Cómo ha conseguido tanta aceptación?

La compañía, que actualmente está presente en más de 60 países y aproximadamente en 300 ciudades, tiene mucho que contar. Aquí presentamos 3 razones (por Business Insider: www.businessinsider.com) por las que Über ganará la disputa a los sindicatos y organizaciones de taxis locales:

**1. El primero en conseguir liquidez de mercado gana.** Y no es la excepción para Über quien conforme empezó a ganar popularidad, fue ampliando su cantidad de choferes que a la vez atrajeron más clientes y así sucesivamente. También fue el primero en poner su servicio a través de una App, lo que lo hace ser el primero y difícilmente cederá ese lugar.

**2. La rapidez es la máxima arma en los negocios.** En palabras de Girouard CEO de Upstart y presidente de Google Enterprise Apps: "Si en todo lo demás son iguales, la empresa más rápida del mercado ganará. La rapidez es un factor decisivo —si no es que es *el* factor decisivo- para ser líder virtualmente en cualquier industria en la que se piense". Aquí tenemos otro punto para Über no solo en sus servicios, sino también en la liquidez económica que tiene con sus inversionistas.

**3. Los tiempos están cambiando.** El mercado de transporte-privado está creciendo y cambiando rápidamente, tanto que numerosos mercados y otras fuerzas buscan formar parte de él; a esto hay que sumarle el crecimiento desmedido de ciudades, la necesidad de moverse rápido y de hacerlo de manera barata y segura. Es por eso que Über con una simple idea pero por ser el primero, tiene kilómetros de ventaja sobre otros; Über ha encontrado la manera de innovar rápidamente, iterar los resultados y conseguir nuevos servicios. La expansión y el amplio rango que tiene Über para crecer le dan una ventaja increíblemente grande sobre la competencia.

Así que si alguien creía mala o tonta la idea de pedir un taxi usando una App, será mejor que piense si poseer una empresa valuada en $50 mmdd también es una idea tonta.

Fuentes

www.businessinsider.com/why-uber-will-win

## MINERVA: ¿COLONIAL O VIENA?

La cerveza: es una bebida que todo el mundo sabe debe servirse bien fría, pero no todos saben de su proceso de fabricación y menos del arte que hay detrás de éste. Es una bebida que llega a explotar el paladar y que puede prepararse de la manera más artesanal posible.

Eso lo sabe muy bien Jesús Briseño Gómez España, quien después de acompañar a su padre a Europa y de degustar estilos de cervezas que en México no había, decidió formar sus estudios en elaboración de cerveza, tomando diversos cursos y diplomados para hacerse un experto en la materia.

Fundó así Cerveza Minerva, empresa orgullosamente mexicana, que nace en el corazón de Jalisco con la intención de distinguirse por producir cervezas altamente especializadas.

Cerveza Minerva nace el 5 de diciembre de 2002, sin embargo es hasta julio del 2003 cuando inicia operaciones. Y venden su primer barril en septiembre de ese mismo año.

Cervecería Minerva es una de las 25 cerveceras mexicanas artesanales que sobreviven a la consolidación de la industria. "Somos la cervecería más grande de capital mexicano (desde la venta de Modelo)", dice Briseño.

A los 18 años, Jesús Briseño repartía entre sus amigos la cerveza que fabricaba en la cocina de su madre, guiado por el libro *Drinks for Dummies*. Siete años después, es el CEO de Cervecería Minerva, empresa jalisciense que compite por espacios de venta con Grupo Modelo.

Todo ese sueño y arduo trabajo ha llevado a Minerva a que en el 2011, la empresa fabricara 600,000 litros de cerveza artesanal, 1.69 millones de botellas de 355 mililitros de siete marcas.

Y aunque el precio es hasta 50% superior a las marcas comerciales más conocidas, Briseño ha conseguido entrar a autoservicios como HEB y Soriana.

El sueño del Innovador es que su cerveza se venda en todos los bares mexicanos. Tarea que no es nada sencilla, pues el 95% de los centros de consumo tienen contratos exclusivos con las grandes cerveceras.

Mientras tanto, Briseño distribuye sus productos en ese 5% de los restaurantes y bares que no tienen limitaciones por contrato. Además, a falta de establecimientos donde vender su producto, decidió abrir su propia cadena de tienda-bar: El Depósito, World Beer Store, que opera bajo un modelo de franquicias en cuatro locales del DF y Guadalajara.

Además, su modelo de negocio le mereció una de las tres distinciones de mención honorífica de la edición Emprendedores 2012 de la revista Expansión.

Y en palabras de Roberto Martínez, director de Pymes Empresas de Banorte, Cervecería Minerva: "Está integrado verticalmente y tiene un componente internacional. Todo eso lo hace diferente".

Por fortuna para Briseño, el segmento de cerveza artesanal crece 54% anual desde hace ocho años, según la Asociación de Cerveceros de la República Mexicana. Una muestra más de talento y astucia mexicanos y de cómo una pequeña idea puede llegar a competir con los grandes.

Fuentes

www.minerva.mx

www.cnnexpansion.com/cerveza-minerva

# MODELOS O TEORIAS DE INNOVACIÓN

## INNOVACIÓN

En el ámbito profesional o académico es muy común encontrar palabras o conceptos que comienzan a citarse una y otra vez, sin que la gente tenga en claro qué es o no se tiene la seguridad de si se está usando de manera adecuado. Este es el caso de la "innovación".

Generalmente definida sencillamente como cualquier creación o mejora de un producto o servicio, la innovación se ha convertido en una disciplina empresarial fundamental, en un dogma para poder competir, sobresalir y ser de los mejores. Una idea innovadora le permite a una empresa generar más utilidades. El problema es que a la hora de intentar aterrizarla a la práctica en una empresa, muchos se pierden por el camino.

Compartiremos en esta sección, tres ideas importantísimas sobre la innovación:

### 1.- La innovación significa hacer dinero.

Un error común es confundir la innovación con la generación de ideas, con la invención o con la investigación, que son actividades que consumen recursos. Una frase muy buena y que ayuda aclarar esto es: "La investigación es convertir dinero en ideas y la innovación es convertir ideas en dinero".

Una empresa no necesariamente tiene que invertir grandes cantidades de dinero, o tener que hacer todo un departamento completo para poder innovar.

Las ideas que pueden convertirse en potenciales ganancias a través de nuevos, o incluso mejoras a, productos y servicios, o potenciales ahorros a través de nuevos o mejores procesos, se pueden encontrar simplemente habilitando alguno de los activos con los que la empresa ya cuenta, sumado a la creatividad (recurso que no cobra nada).

De hecho, se pueden generar ideas del propio talento interno de la empresa, si se le da un espacio y tiempo adecuados para desarrollarlas y expresarlas. Y si eres muy perspicaz hasta puedes abrir un espacio para que los mismos clientes opinen y puedan sugerir.

### 2.- Se puede innovar de muchas maneras.

Otro error común es pensar que sólo se puede innovar en el ámbito de la tecnología avanzada y sofisticada. Si bien, son los ejemplos que más resuenan y que más vemos hoy en día, se pueden definir hasta cinco ejes en los que una empresa puede innovar:

Los productos y servicios

Los procesos

La forma de organizarse

La forma de relacionarse

El método de comercialización

Empresas como Google han incrementado el número de nuevos productos que surgen, gracias a ideas de sus empleados, creando entornos de trabajo que estimulan la creatividad y permitiendo que dediquen parte de su tiempo a desarrollar sus propios proyectos.

También es importante decir que la innovación no es nada más la radical, la que rompe completamente los esquemas de una industria. Las empresas pueden aspirar a innovar de manera incremental, transformándose en los momentos adecuados para diferenciarse de sus competidores directos y adaptarse a las demandas de sus clientes.

### 3.- La innovación es un medio, no un fin.

La esencia de una empresa es generar valor, y su fin es producir beneficios de manera creciente y estable.

Con el tiempo y la experiencia, algunas empresas adoptan o encuentran distintas prácticas, que luego pasan a ser disciplinas estructuradas dentro de la organización. Estas disciplinas tienen como fin ser medios para cumplir mejor el propósito de generar valor de manera más competitiva frente a otras en su misma rama de actividad.

Conforme se ha hecho común la aplicación de estas prácticas como la productividad (incremento en resultados por recurso invertido) o la calidad (alineamiento estable de los resultados con expectativas del mercado), se han ido convirtiendo en un aspecto de la competitividad empresarial. Entonces innovar o cambiar las disciplinas, es algo que se está realizando constantemente en cualquier empresa.

En este mundo actual hiperconectado y de cambios continuos, la innovación ha emergido como un nuevo medio que le permite a una empresa ser ágil para transformarse y ser versátil para cumplir su fin de generar beneficios.

# CAPÍTULO III
## Piensa y Actúa como Dueño

*"El único límite para nuestra comprensión del mañana serán nuestras dudas del presente."*

*—Franklin D. Roosevelt, político estadounidense y el 32º presidente de su país.*

Algo que he aprendido y confirmado con el paso del tiempo y con los hechos que la experiencia me ha mostrado, es que para ser un verdadero innovador, un Innovador SNAP®, necesariamente debes pensar como Dueño.

El pensar como Dueño te da un poder inimaginable y una manera de actuar que te beneficiará a lo grande; también lo hará con tus clientes pero, ¿por qué pensar como Dueño? Bueno, visualiza por un momento al dueño de un negocio que es sólido, que está en expansión y que seguramente será como aquellos negocios que después de cientos de años siguen operando eficientemente y su marca es bastante reconocida. ¿Ya lo visualizaste? Bueno, seguramente ese dueño de negocio (¡aunque también puede ser un negocio más pequeño, eh!) tiene varias de las siguientes características:

- Cuida que siempre los ingresos sean mayores que los egresos.
- Busca constantemente nuevas maneras de hacer todo el trabajo de la organización de una forma más eficiente y económica.
- No gasta en estupideces.
- Capacita a su personal para que hagan el trabajo como debe hacerse.
- Concientiza a todo el personal del cuidado de los recursos.
- Encuentra maneras de expandir sus ventas aún en tiempos de crisis.

- No pierde el tiempo en *mensadas*, sino que lo ocupa siempre en actividades redituables.

- Lidera su personal para que siempre exista un ambiente de trabajo que fomente la entrega de resultados.

- Invierte sin dudar en aquello que aumente la productividad de su organización.

- Realiza acciones para que sus clientes siempre estén contentos y adquieran más de sus productos y servicios e incluso que lo recomienden.

- Deja de atender a aquellos clientes que no le son convenientes a su organización.

- Crea alianzas estratégicas a fin de seguir su expansión y generar mayores ganancias.

- Tiene siempre cuentas sanas, cuentas con dinero y cero deuda mala.

El problema es que muchas, pero muchas veces, el innovador piensa como empleado. Es cierto que la inmensa mayoría de las patentes generadas vienen en realidad de empleados de empresas, centros de investigación o instituciones en donde de alguna u otra manera están siendo empleados: según datos de la USPTO (oficina de patentes y marcas de Estados Unidos) en 2014 solamente cerca del 6% de las patentes fueron presentadas por inventores independientes y el número va en decremento desde el año 2000, donde el 13% fueron presentadas por inventores independientes[1].

El tema es que sin importar que seas un innovador empleado o independiente, debes pensar como dueño; de esta manera verás que obtendrás muchísimos beneficios, tus innovaciones saldrán al mercado de forma más eficiente y por lo

---

[1] Patentlyo.com, Junio 7 del 2015, por Dennis Crouch

tanto se generará mayor abundancia más rápido, y eso es exactamente lo que busca INNOVACION SNAP®: Innovaciones ágiles que sean exitosas en el mercado. Aquí describiremos las ideas más importantes y relevantes al respecto de la mentalidad de dueño que debes tener para aumentar tu éxito.

## Visualiza tu innovación

¿Qué innovación quieres tener o generar? ¿Cuál es la innovación ideal que quieres para brindar excelentes beneficios, soluciones, servicios y productos a tus clientes? ¿Qué tipo de colaboradores quieres que sean parte del grupo innovador? ¿En qué mercados o sectores quieres posicionar tu innovación? ¿Cómo son tus procesos internos, cómo operan, cómo funcionan? ¿Qué dicen tus clientes de tus beneficios, soluciones, productos o servicios? ¿Cómo se expresan tus colaboradores de su trabajo y organización?

Es importante hacerte estas preguntas y algunas otras para identificar todo lo que tienes que hacer para asegurar que tu idea se convierta en realidad.

Te dejo un espacio para responder. Si sientes que es muy poco puedes escribir tu respuesta en una libreta. Lo importante aquí es que tengas una clara visualización de cómo quieres que sea tu negocio

Visualización de mi innovación:

_____

_____

_____

_____

_____

_____

_____

_____

_____

_____

_____

# Visualiza la expansión de tu innovación

La condición natural de cualquier organización es la expansión continua, así como el universo siempre hay un cambio constante para garantizar la expansión.

Una Innovación SNAP® sin duda genera mucho beneficio para los clientes y mucha prosperidad para la organización. Este es el tipo de innovaciones que son trascendentales y que son recordadas con el paso del tiempo.

Vamos a ser honestos y pregúntate, ¿cómo visualizas tu innovación? ¿A qué mercados te gustaría llegar? ¿Qué nivel de expansión o ventas quieres tener? ¿Por qué quieres que tu innovación en el futuro siga creciendo?

Toda gran empresa comienza con la visión del fundador o de la persona que genera la idea innovadora, una visión ambiciosa que día a día tiene en el tope de la mente y le impulsa y motiva a trabajar para que suceda. Por eso es súper importante que desde el inicio tengas estos datos en la mente.

El Innovador SNAP® tiene una visión amplia, una visión de desarrollo y de expansión, una visión en donde genera mucho bienestar para sus clientes y para su organización, una visión productiva, una visión que permite que con las primeras innovaciones pueda seguir fondeado las siguientes innovaciones.

Ahora aquí escribe sobre la expansión que quieres para tu negocio. Entre más clara tengas la idea más fácil te será alcanzarla.

_____

_____

_____

_____

_____

_____

_____

_____

_____

_____

## Visualiza el perfeccionamiento de las operaciones de tu innovación

No basta con simplemente querer innovar y ya: como todo el proceso de innovación consta de muy diversos pasos y actividades, normalmente los procesos de innovación, en la industria y con los innovadores independientes, son procesos más ágiles, esbeltos, simples y controlados que aquellos procesos de innovación que suceden en instituciones de gobierno o subsidiadas.

La velocidad dentro de las empresas es fundamental, sobre todo en aquellas que no son enormes corporativos burocráticos, porque si no salen al mercado a tiempo, la empresa se muere. En este tipo de empresas donde la innovación es la base de su diferenciación, o para muchos la base de su sobrevivencia, las personas saben que deben ser eficientes y ágiles en cada uno de los procesos cuando se involucran en el proceso innovador. Constantemente los están perfeccionando y acortando para lograr mantener y aumentar su ventaja competitiva; en estas empresas el mejor y más ágil resultado es lo que cuenta. En muchos procesos burocratizados (es decir, el otro resto de organizaciones) pasa lo contrario: no hay un sentido real de urgencia, porque en realidad ya se tiene un presupuesto, porque muchas de las veces no está en peligro su trabajo ni la sobrevivencia de la organización; son lugares en donde el proceso innovador es un proceso largo, lleno de pasos, lleno de juntas "importantes" y presentaciones, donde parece que lo más importante es el proceso más que el resultado.

El Innovador SNAP® siempre busca y logra de manera ininterrumpida el perfeccionamiento, agilización y aumento de la eficacia del proceso de innovación, a fin de obtener cada vez mejores resultados, en menos tiempo y con el menor uso de recursos. A esto le llamamos: El perfeccionamiento de las operaciones.

## Tu innovación debe dar para que mantengas y expandas tu plan de vida

Piensa y crea innovaciones que sean trascendentales y grandes, que generen mucha abundancia y bienestar. No decimos que las innovaciones pequeñas sean malas; sin embargo, si vas a meterte a innovar ¡pues hazlo en grande!

Independientemente de que tú seas un innovador independiente dueño de empresa, o un innovador empleado, siempre debes de pensar en grande, en soluciones que ayuden a muchos y que ese enorme beneficio obtenido como resultado de la comercialización de tu innovación te permita seguir fondeando nuevos proyectos, nuevas líneas de investigación, nuevos equipos y grupos de investigación. Verás que pensando de esta manera tus resultados se multiplicarán y serás una persona próspera.

Cuando pensamos en término de innovaciones que generan grandes ganancias (y ojo, que pueden ser innovaciones sociales y también otro tipo de innovaciones donde las ganancias no necesariamente se midan en dinero, sino en lo que sea que tú llames "ganancias"), cuando se generan este tipo de innovaciones podrás tener mucho más apoyo, más respaldo, más compromiso, más entrega porque estamos hablando de algo grande.

## Inscríbete a todos los cursos que puedas para ser un mejor innovador

Es muy importante que tengas una preparación continua, porque posiblemente lo que viste en tu maestría o en la escuela no te vaya a servir de mucho. En este mundo tan acelerado, la información se vuelve obsoleta en cualquier momento y tú debes estar siempre preparado para dar lo mejor de ti.

Métete a todos los cursos que puedas, para la creación y manejo de la innovación, ya sea que los hagas en conferencias, o en expos. Muchas veces hay expos gratuitas, sólo requieren la inversión de tu tiempo, pero podrás aprender mucho de las conferencias o talleres. Si tienes el dinero, por favor no escatimes en tu preparación continua, ¡inscríbete!

A mí me gusta mucho recomendar la parte de los diplomados, seminarios y cualquier clase de curso rápido, que te dan información muy precisa y que necesitas para que tu preparación vaya creciendo y sea actual.

## Haz networking con otros innovadores exitosos y experimentados o personas del medio

Este "networking" lo podrás hacer en los mismos cursos, talleres, diplomados, seminarios o lo que sea que tomes para prepararte. Esto te va a motivar mucho a no sentirte solo en el camino. Siempre que conozcas a este tipo de personas, pídeles sus tarjetas y también ofréceles tus tarjetas de presentación y, sobre todo, asegúrate de estar en contacto con ellos.

Yo por ejemplo, tengo la fortuna de tener clientes que son dueños de negocios muy exitosos, y me tomo un café al mes con varios de ellos; en esas reuniones de café nos tomamos dos horas y platicamos sobre los problemas que tiene cada uno o los nuevos retos que se vayan presentando, o nos damos consejos y compartimos experiencias, hablamos de innovación, de transferencia de tecnología, de propiedad intelectual, de oportunidades de mercado y muchas otras cosas más. Es algo muy enriquecedor tener este tipo de aliados estratégicos y que sean exitosos, porque al final van a poder ayudarte y motivar a seguir adelante. Por supuesto que estos dueños son muy exitosos, venden millones en sus compañías, pero *no dejan de ser personas como tú* y como yo. Cuando nos juntamos con ellos es muy bonito, porque con más de uno de ellos hasta hemos explorado la opción de hacer un negocio juntos.

No dejes de lado poder hacer estas relaciones, aun cuando apenas vayas empezando y no tengas tanto dinero; te darás cuenta que una vez que inicias estas relaciones lo que menos importa es el dinero, lo que más valoran en este tipo de reuniones es el compartir y ayudarse mutuamente.

## Debes tener un sentido de urgencia en todas tus actividades

Te tienes que visualizar como un dueño ocupado, donde tienes una lista de actividades priorizadas y muy enfocadas. Una lista donde no se pierde el tiempo en estupideces, ni en cosas que no le van a traer nada positivo al negocio ni a tu proceso innovador.

Debes ser muy cuidadoso con tu tiempo y que este sentido de urgencia que tú tienes en que sucedan tus actividades, también debes compartírselo a tus colaboradores para que se vuelva en cultura organizacional.

Debes perfeccionar todos tus procesos a fin de hacerlos más eficientes y lograr que todos dentro de tu organización o del grupo de innovación tengan este mismo sentido de urgencia para crear mejores innovaciones más rápido.

No compres paradigmas como: "en nuestra industria ese tiempo se lleva", "aquí se hace de esa manera", "yo soy el doctor fulano-de-tal y yo sí sé cómo hacerlo", "mira jovencita, yo tengo 2 millones de artículos publicados y viajo 3 veces alrededor del mundo al año y sé de lo que estoy hablando" (esos casos nos son familiares porque son reales)… No compres ese tipo de tonterías porque precisamente por eso es que los proyectos e innovaciones se retrasan. Lo que las innovaciones necesitan es ¡Acción eficaz! (claro, todo el proceso innovador) pero trabajo continuo sin desperdicios y rápido. ¡Siempre piensa en términos de lo que se está perdiendo o dejando de ganar cada día o semana que está pasado porque la burocracia está haciendo de las suyas!

## Evita la postergación de actividades y resultados

Compórtate como un *dueño alemán*, porque los dueños alemanes y los ingleses son súper estrictos en cumplir en tiempo y forma las actividades, nunca llegan tarde a una cita, ni tampoco se retrasan entregando algún reporte o trabajo que se les haya encargado.

Tú debes aspirar a ser ese tipo de dueño, el que siempre cumple lo que promete y el que siempre hace que todas las actividades o resultados que se le piden sucedan y también lo que pide a su gente se debe de entregar justo a tiempo.

Tienes que volverte un maestro de la planificación y seguimiento de actividades, ¡pero sobre todo de la ejecución de actividades!, y si no sabes… ¡aprende!, porque el Innovador SNAP® no se permite la postergación justificada o injustificada; siempre es un tiempo en contra que debe ser recuperado.

## ¡Prepárate a trabajar!

Las innovaciones no son algo que pasa de la noche a la mañana. La innovación lleva una muy fuerte carga de creatividad, pero también de muchísimo trabajo, así que prepárate física y mentalmente para que tengas semanas de 60 horas en promedio. Nosotros hemos trabajado con firmas en donde literalmente los equipos de investigación e innovación duermen en el lugar cuando los procesos así lo requieren, son trabajos extenuantes, pero quien quiere resultados extraordinarios debe trabajar de una manera extraordinaria.

Toma muy en cuenta esto: cuando digo de 60 a 70 horas semanales, estoy hablando de horas de trabajo sin distracciones. Tu innovación o tu proyecto está naciendo, entonces requiere tiempo y se le tiene que invertir; si no le estás dedicando el tiempo necesario, te va a tomar mucho más tiempo a que se lleve al éxito.

Si tú desde el inicio eres consciente y piensas de esa manera, en la que sabes que tienes que dedicarte y enfocarte, lo vas a conseguir de una manera natural porque todo eso que siembres ahorita lo vas a cosechar.

De verdad prepárate para trabajar, y no le temas al trabajo. El trabajo es algo muy bueno, que al inicio es cuando será más necesario.

## No aceptes ningún tipo de excusas

Las excusas son para los perdedores. Siempre afronta tu realidad y logra que tu equipo también lo haga: si hicieron algo mal, que lo reconozcan. Si alguien falló, que lo reconozca. Solamente al reconocer las cosas serán capaces de cambiarlas; de otra manera no se podrá cambiar nada y se entrará en un ciclo negativo, que contaminará al equipo de trabajo.

La regla de oro es que si puede pasar algo, de seguro va a pasar, así que el mejor antídoto es la anticipación; mantente ágil para reaccionar, anticipa y prepara aquello que puede salir mal para evitar que salga mal. Esto debe ser una política entre todo el personal: la anticipación.

A continuación encontrarás casos reales de personas reales y normales así como tú y como yo pero que han hecho algo ligeramente diferente, y han obtenido resultados extraordinariamente diferentes, recuerda contarnos y enviarnos tus reflexiones a info@ignius.com.mx así como tus casos propios de éxito.

# Historias de éxito

### El mundo de Steven Spielberg

Él no tuvo una "buena cuna", no tuvo ninguna facilidad para entrar al mundo del cine y tomó la iniciativa a pesar de la adversidad. Fue diagnosticado con dislexia y arrastra problemas de aprendizaje desde pequeño. ¡Tardó dos años más que el resto de sus compañeros en aprender a leer! **Él desde el inicio se creó en su mente** que podía ser un productor, **que podía sobresalir.**

Su primera película la rodó como aficionado, a la edad de doce años. A los 13 consiguió un premio por una película de guerra de 40 minutos; a los diecisiete años, había realizado ya una ambiciosa producción ¡de más de dos horas!

Él cuenta que un día fue de visita a Universal Studios en Los Ángeles. Cuando vio que estaban los estudios de grabación fue lo que a él le interesó; tenía 14 años y ¡no le interesó otra cosa del parque! Se metió a los estudios y comenzó a ver esa magia del cine.

Se dio cuenta que tenía que ir más seguido ahí, para conectarse con ese mundo del cine. En una "Combi" vieja que su papá tenía, Steven le puso con masking-tape la palabra "DIRECTOR" y así llegaba a Universal Studios con un portafolio que no contenía nada más que su almuerzo. Entró por la puerta grande (el guardia no le dijo nada), y así iniciaba el primer día de este joven; fue hasta que lo descubrieron que le permitieron quedarse ahí para que pudiera formarse e iniciar su carrera.

Su debut en la gran pantalla fue con *Loca evasión* (The Sugarland Express, 1974). Un año después apareció *Tiburón* (Jaws, 1975). En 1993 le llega el reconocimiento de Hollywood, al ganar siete Oscar con *"La lista de Schindler"*. Su lista de películas exitosas es realmente larga en las que figuran desde *"E.T. El extraterrestre"* hasta *"Encuentros Cercanos del tercer tipo"*, pasando por *"Parque Jurásico"* e *"Indiana Jones"*.

## La *Fuerza* de Star Wars

El último fin de semana de octubre, Roger Iger, CEO de Walt Disney, se sentó a ver las seis películas de STAR WARS. Claro que ya las había visto. Pero esta vez, tomó notas. Disney estaba en negociaciones secretas para adquirir Lucasfilm, compañía creadora de la saga de "Star Wars", fundada por George Lucas

Después de las seis primeras películas, Iger necesitaba saber si Lucasfilm tenía más exquisito material para seguir produciendo películas y si valdría la pena el gasto en la franquicia.

Como todo buen aficionado sabe, siempre hubo la intención de que fueran 9 películas. Pero, ¿cómo Disney iba a saber acerca de esa galaxia muy muy lejana?

Resultó ser que Lucas había hecho un almanaque. Su compañía mantenía una base de datos llamada Holocron (nombrada así por un cubo de cristal motorizado por la Fuerza). El Holocron tenía en lista 17,000 personajes del universo de Star Wars, habitando miles de planetas a lo largo de 20,000 años.

Todo esto era bastante información para procesar por Disney, es por eso que Lucas también los proveyó con un guía: Pablo Hidalg, fundador de la Star Wars Fan Boy Association. Hidalgo es algo como un "comunicador de marca" para Lucasfilm

Pero, ¿qué se llevó cada parte después de la compra? Bueno, George Lucas recibió $4.05 mmdd por la venta de Lucasfilm y toda su propiedad intelectual. Mientras que Disney tan sólo por el estreno del Episodio VII recaudó $400 millones de dólares netos de ganancia (quitando el costo de hacer la película). A esto habrá que sumarle la ganancia que prevé Disney en el primer año de ventas de juguetes y que estima sea por lo menos de $1.5 mmdd.

Entonces estamos hablando que de tan sólo con un año de ventas y un estreno (sólo contando el día de la premier), Disney habrá recaudado el 47% de su inversión inicial. Pero no olvidemos que Disney no se dedica sólo a la venta de juguetes y a estrenos de cine, sino también tiene parques temáticos, venta de ropa y videojuegos.

Lo que en conclusión nos demuestra que si tener una buena idea puede hacerte millonario en un abrir y cerrar de ojos, saber explotar una buena idea puede volverte Billonario por lo menos durante los próximos 5 años (de 2015 al 2020 que se espera salga el último film de la nueva saga).

Fuentes

www.eluniversal.com.mx/disney-proyecta-ganancias

www.bloomberg.com/how-disney-bought-lucasfilm

**500 startups**

¿Es el dinero lo que te tiene estancado? ¿Tu idea parece ser muy buena y redituable? ¡Tranquilo! Si de verdad necesitas un fuerte empujoncito económico hay varias incubadoras tanto nacionales como internacionales que estarán dispuestas a ayudarte. A lo largo del libro mencionaremos algunas de las más populares.

Si estar presente en más de 50 países, haber ayudado a más de 1300 compañías y más de 2300 fundadores, en aspectos como diseño, educación, tecnología alimentaria, bitcoins y otros; si todo esto no es suficiente para que des una mirada a su página, sinceramente no sabemos qué hará que te metas a ver lo que 500 startups tiene para ofrecer.

500 Startups es un acelerador semilla de empresas fundado por Dave McClure y Christine Tsai en 2010. Al inicio el fondo sólo aceptó a doce startups en la incubadora con oficinas en Mountain View, California, en febrero del 2011.

En la segunda ronda llevada a cabo en junio del 2011 ya habían aceptado a 21 y para la tercera en octubre del mismo año ya eran 34.

Estos grupos de empresas en las que invierten van creciendo de manera rapidísima: el primero de agosto del 2015 en su página reportaban haber ayudado a más de 1200 empresas y a la fecha de hoy (23 de diciembre del 2015) reportan haber financiado más de 1300.

Te mostramos las razones por las cuáles elegir 500: La comunidad 500 es amplia y saben apoyarse entre ellos. Tienen acceso a más de 1000 fundadores, más de 200 mentores y todo el Staff que estará ahí para ayudar cuando lo necesiten, además la vasta experiencia que tienen ayudará a que no cometas los mismos errores que cometieron otros.

También poseen una amplia variedad de expertos en muchísimos campos, como cultura, contabilidad, diseño de producto, ventas, etc. El apoyo que te brindan es increíble al menos los primeros cuatro meses, se dice que hay startups que viven (literalmente) en las oficinas de 500.

Gracias a la enorme red de personas que han trabajado con ellos, 500 tiene una amplia red de conexiones que te pueden ayudar, pocas redes de trabajo son tan grandes. Estas relaciones sin duda alguna ayudarán a que contactes clientes, proveedores y más inversionistas.

Su propuesta es invertir en tu empresa $125 mil dólares, a cambio del 5%. Te dan trabajo de capacitación.

Como se ha mencionado, han dado a luz a muchas empresas. Una de ellas y de las más exitosas es CreditKarma que inició en 500 y ahora está valuado por $3.5 mmdd.

Así que si tienes más dudas, curiosidad o simplemente ganas de conocer 500, te dejamos aquí el link: 500.co

Fuentes:

www.500.co

## Daymond John

Creció en el vecindario de Hollis en Queens, NY., y durante sus años en la preparatoria pública de Bayside High School, consiguió ingresar a un programa que le permitía trabajar tiempo completo, yendo a la escuela ciertas horas por semana.

Una vez concluida su preparatoria, comenzó a vender sombreros de lana junto con su vecino Carl Brown. Los sombreros eran vendidos a $10 (USD) lo que es demasiado barato comparado con la competencia, por día los jóvenes sacaban alrededor de $800 dólares.

Viendo potencial en su trabajo y con una mentalidad emprendedora, Daymond y su mamá empeñaron su casa por $100,000 para generar un capital semilla. Además, Brown reclutó a dos viejos amigos: J. Alexander Martin y Keith Perrin. Y con eso comenzaron a fabricar jerseys de hockey, camisas y sudaderas, agregándoles el logo de FUBU.

Para lograr sus fines y llegar a fin de mes, Daymond tuvo que conseguir un trabajo de tiempo completo en Red Lobster, trabajando en el negocio de FUBU entre turnos.

En 1993 convenció al cantante de hip-hop LL Cool J, un viejo amigo de vecindario, que usara una playera FUBU en una campaña promocional. Esto dio un éxito rotundo a la empresa que continuó creciendo a pasos agigantados.

Para 1995 consiguieron inversionistas, con lo que extendieron su mercado fuera de los Estados Unidos. Ya en 1998 FUBU consiguió hacer $350 millones de ventas en todo el mundo.

En el 2003, FUBU enfocó sus esfuerzos en las ventas internacionales, también extendieron su gama de productos y para el 2009 los ingresos de la compañía crecieron en $200 millones.

En 2010 FUBU hizo su relanzamiento en los Estados Unidos, renombrándose como FB Legacy.

FUBU ha recibido varios premios por su labor emprendedora, algunos de ellos son: dos NAACP (National Association for the Advancement of Colored People) premio otorgado a empresas o personas que eliminen la distinción racial, premio del Pratt Institute, una "Cita de Honor" del Presidente de Queens, entre otros muchos reconocimientos.

En 2009, John se unió al casting de Shark Tank, programa en donde él y otros cuatro jefes ejecutivos escuchan a personas interesadas en lanzar proyectos, y ellos deciden si invierten o no su dinero en sus proyectos. John ha invertido la grandiosa cantidad de $7´667,000 (USD) a la fecha del 6 de agosto del 2015.

También se ha convertido en un conferencista motivacional y de negocios. John habla sobre marketing, negocios y emprendimiento. Algunas de sus más recientes conferencias son AT&T History Makers Tour, la escuela de emprendimiento Babson College y el programa creativo LIAisons en la celebración anual del London International Award.

Fuentes:

www.therichest.com/daymond-john

www.fubu.com

# Modelos y Teorías de innovación

### Psicocibernética

¿Quieres innovar y no tienes idea de qué inventar?, ¿Ubicas la problemática pero no sabes cómo darle una solución creativa? ¿Llegas a tener bloqueos para solucionar algún problema?

Seguramente te ves o te has visto en alguna de esas situaciones. Pero existe una solución muy creativa y hasta parece sacada de un libro de ciencia ficción. Imagina que puedes "programar" o "hackear" tu cerebro para que piense en el problema que tienes pero que piense de manera creativa y espontánea en él. Así, en cualquier momento puede llegar un chispazo, una idea, se te prende la bombilla, te llega el Eureka en el lugar, momento y situación menos esperada.

Bueno, Maxwell Maltz nos cuenta en su libro titulado psicocibernética cómo lograr esto. Este libro ha influido en otros famosos motivadores, como Zig Ziglar, Tony Robbins, entre otros. También ciertos métodos de la psicocibernética son muy utilizados para el entrenamiento de atletas.

Maltz encontró que sus pacientes después de una cirugía plástica, no terminaban satisfechos con lo que se les había hecho. Así que él decidió ayudarles para que tuvieran una visualización propia mejor y más positiva. Esto dio resultados muy buenos, haciendo que los pacientes se sintieran más satisfechos.

A Maltz le llamó la atención cómo es que ese método fuera tan efectivo, y comenzó a investigar a qué se debía. Descubrió que las técnicas de poder de auto-afirmación así como la visualización mental usadas para conectar el cuerpo y la mente, tienen efectos muy positivos en el individuo para completar y lograr sus objetivos personales.

El libro combina el comportamiento cognitivo de enseñarse a regular el "autoconcepto" con la cibernética de Norbert Wiener. En palabras más simples todo está en nuestra mente, nuestra "auto-imagen", lo que nosotros creamos y pensemos que podemos o que no podemos hacer se verá reflejado en nuestras acciones.

El libro define la conexión mente-cuerpo como el núcleo del éxito y cumplimiento de las metas personales.

Para definir tus objetivos en la mente subconsciente, debes visualizar cómo te sentirías después de haber logrado tus metas, lo que harías, qué tipo de trabajo o negocio estarías haciendo y en qué ciudad te gustaría vivir. La mente subconsciente busca lograr las imágenes mentales que has creado con el uso de la imaginación.

Para traer éxito y felicidad en tu vida necesitas hacer estas dos cosas:

1.- Desarrollar una adecuada y realista auto-imagen.

2.- Utilizar tu mente subconsciente para lograr tus objetivos.

Aquí es donde comienza la "programación" mental, una forma muy efectiva de clavar la idea en el subconsciente, es escribirla en la mañana, que sea prácticamente tu primer pensamiento.

Luego cuando en el día vuelva a saltar esa idea, seguramente con más detalles y más cosas, escríbela, grábala, o lo que necesites pero no la dejes escapar.

Por último, en algún momento del día (de preferencia ya en la noche), reflexiona con la idea o problema, llévatelo a dormir.

Entre más repetitivo sea esto, más aferrada será la idea y la comenzarás a ver, sentir y pensar en cualquier lugar y con cualquier cosa. La comenzarás a relacionar con todo a tu alrededor y tu cerebro comenzará a ligarla con otras ideas.

Fuentes: Psicocibernética de Maxwell Maltz

# CAPÍTULO IV
## Las Motivaciones del Innovador SNAP®

*"Elige un trabajo que te guste y no tendrás que trabajar ni un día de tu vida"*

*—Confucio, filósofo chino*

Toda persona tiene motivaciones para hacer lo que hace. Todas, sin importar específicamente de qué se trate, su credo, su estatus social, su cultura, su edad y su entorno; y normalmente no son cientos de motivaciones, sino que tiene pocas que son las que realmente lo mueven, lo impulsan, lo llenan de energía vital para lograr lo que solamente menos de 0.1% de la población logra: Innovar.

Voy a compartir contigo las cinco motivaciones principales que a todo Innovador SNAP® nos tienen que emocionar y conectar. Probablemente tú tengas más o tengas otras y eso está GENIAL. Si quieres ser Innovador y te quieres aventar este camino de reto, aprendizaje y acción continua, **debes tener algo que te motive,** algo que esté al final del camino o una meta a largo plazo.

Seguramente tus actuales motivaciones sean diferentes a las que te presentaré; esto es normal. Aquí te voy a mencionar ciertas motivaciones del Innovador SNAP®. Estas motivaciones no tienen un orden específico de importancia y son motivaciones que quizá algunos ni siquiera las habían pensado; sin embargo, nosotros las reflejamos para que veas un punto de vista diferente: durante nuestras intervenciones especializadas con empresas han logrado un cambio radical que se resume en mayores ganancias, mejores soluciones e innovaciones con un mayor Valor agregado

## El retiro *vs* la jubilación

El Innovador SNAP® sabe claramente que todas sus innovaciones tienen el poder de llevarlo a retirarse más joven y con una mayor fortuna que el resto de los empresarios o empleados, incluso que el resto de los innovadores.

Algo que a mí me quedó claro cuando empezamos el camino de Innovar este negocio, es pensar en algo que en México y Latinoamérica no estamos acostumbrados.

Pero hay una diferencia entre estos dos términos; la *jubilación* es que el seguro o la empresa en donde trabajaste, te dé alguna cuota mensual que te ayude a vivir.

La realidad es que no se puede vivir de la jubilación, es una cuota mínima y que no te permite vivir sino sólo sobrevivir, por lo que la gente debe seguir trabajando o tener ayuda por parte de sus hijos para asegurar una calidad de vida estable.

El *retiro* es algo que a mí me motiva y por lo que quiero seguir emprendiendo y hacer que mis negocios sean cada vez más exitosos.

Eso del *retiro en otras culturas* es que tú tengas una libertad financiera, es decir, que ya tengas asegurado tu futuro, que no tengas que trabajar y que lo que tienes ahorrado más intereses, te permita mantener tu estilo de vida. Esa meta del retiro debe motivarte: llegar a esa cantidad de dinero a la que puedas tener acceso, y que te permita disfrutar todo lo que has trabajado.

El Innovador SNAP® sabe que mientras más ágiles de crear y comercializar sean sus innovaciones mejor será su retiro: sabe que al ser sus innovaciones más demandadas por el mayor número de personas mayor será el bien que harán ¡y mejor será su retiro! Sabe que en la medida en que proteja intelectualmente sus innovaciones, en esa medida podrá negociarlas mejor ¡y mejor será su retiro! Sabe que en la medida en que pueda generar más dinero y más rápido, podrá invertirlo en construir un ciclo virtuoso que esté constantemente creciendo y creándole todos estos resultados de los que te estoy hablando.

## Los auto-millonarios

Al vivir en un mundo donde la Economía es el día a día, debemos aprender a jugar ese juego, y finalmente no influye tanto si vivimos entre pobreza a si vivimos entre riqueza; casi la única diferencia es que al vivir entre riqueza podemos hacer muchas, pero muchas más cosas por nuestros hermanos que tienen menos recursos o son menos afortunados.

Hay personas (como yo), que no teníamos dinero cuando empezamos a hacer nuestros negocios, y algo que a mí me motiva es generar mi propia riqueza, con mis propios medios y mi capacidad.

Esto también debe ser una motivación, la de ser auto-millonario. Es decir, hacer lo que tengas que hacer de manera ética y honesta para generar "tu primer millón", luego "tu segundo millón" y así sucesivamente *para que pueda cumplir mi sueño de retiro.*

Hemos visto que la mayoría de los auto-millonarios iniciaron como personas comunes, como tú y como yo, que tuvieron una idea de emprendimiento en su cabeza y gracias a la determinación, al desafío, al reto y a la acción continua que se impusieron lograron ser auto-millonarios. Es algo que a mí me inspira y entusiasma mucho: llegar a ser como ellos.

El Innovador SNAP® es una persona que en sus manos tiene el poder de ser auto-millonario más rápidamente que cualquier otro. Claro, se trata de un juego con reglas diferentes a lo típico que hay en el mercado pues está prácticamente viviendo en el estado del arte, en la vanguardia, en el filo de lo conocido a lo desconocido y eso le puede permitir incluso sentar las reglas del juego. En el tema de la innovación, el Innovador SNAP® tiene totalmente a su favor el poder convertirse en un auto-millonario más rápido que los demás.

Existe un sinnúmero de fórmulas que compartimos en nuestros programas exclusivos con las cuales el Innovador SNAP® puede ser auto-millonario; por esto las empresas pagan cientos de miles de dólares. Pero quiero darte una idea para que puedas iniciar a andar en este camino, y la clave es: La Propiedad Intelectual. Si tú comprendieras todas las ventajas y maravillas que tienes al proteger tus invenciones de una manera correcta, te aseguro que pasarías cientos de horas como lo hemos hecho nosotros a buscar más y más alternativas, pues es el camino para ser auto-millonario.

## El trascender

Ciertamente muchas personas tienen esa palabra en la mente; muchos hablan de ella en reuniones o entre amigos pero la realidad es que no hacen nada más allá de lo normal que hace todo mundo para trascender en esta vida.

El trascender es **ir más allá**, sobrepasar cierto límite, lograr que una cosa que era oculta ahora sea conocida; por lo tanto, el trascender requiere de un esfuerzo fuera de lo ordinario.

Muchos piensan que el trascender es simplemente ser recordado después de la muerte; pero eso es solamente "ser recordado". El trascender es mucho más, y eso a nosotros nos llena de alegría en un compromiso muy importante, pues al trascender extendemos vida, bienestar, soluciones; al trascender estamos haciendo que nuestras generaciones y las generaciones futuras sean mejores, vivan más su capacidad humana, ¡y mejor aún: las estamos ayudando a trascender!

Para el Innovador SNAP® el trascender es una de las mayores motivaciones que tiene, tanto por su deseo de descubrir o crear elementos que ayuden al mundo como por su deseo de ser recordado no solo en su generación, sino en muchas generaciones futuras.

Quizá sea de la motivaciones más importantes, pues llega a ser una parte esencial de la realización como persona, ya que solo se trasciende positivamente cuando se obtienen resultados. No se trasciende al hablar, se trasciende al actuar.

El Innovador SNAP®, al momento de dominar la técnica, crea una sensación positiva de poder, ya que podrá crear innovaciones de una mejor manera. Es como el deportista que a base de entrenamiento, observación, trabajo, mejora y mucho perfeccionamiento logra destacar muy por encima de los demás haciendo fácil para él lo que es tan difícil para muchos.

En este capítulo hemos seleccionado con mucho cuidado aquellos innovadores que han logrado llevar al mercado sus innovaciones. Con ellas han logrado tanto trascender como convertirse en auto-millonarios; son clara muestra de lo que hemos hablado y tú tienes la capacidad de ser como ellos sin ninguna duda.

## El crear un mejor mundo y mejores mañanas

Una realidad es que a millones de personas solamente les interesa su propio bienestar; a un grupo menor le interesa su bienestar y el de los suyos y solamente a un pequeño número de personas (pero en verdad pequeñísimo) les interesa su bienestar, el de los suyos y el del mundo.

Nosotros estamos convencidos de que a las personas que les interesa crear un mundo mejor y tener mejores mañanas, el Universo les acomoda o les facilita un sinnúmero de cosas a fin de que suceda. Es cierto, ¡cómo están cambiando las reglas del juego!, pues encuentran bastantes obstáculos a su paso, pero este tipo de personas tiene la fuerza suficiente para no caer a la primera, ni a la segunda, ni a la tercera...

El crear un mundo mejor y mejores mañanas no es cosa fácil, pues entra un tema de ética y de conciencia de pensamiento que guía por un camino recto, que reconoce que puede haber "muchas maneras fáciles de hacer las cosas" (muchas de ellas no éticas o no legales), que hay "jugosas tentaciones" que de ser seguidas pueden significar millones, pero siempre existirá la manera más ética y recta posible, de ayudar al mayor número de personas, de crear un mejor mundo y mejores mañanas.

Esta manera de pensar es una forma a largo plazo, por ejemplo: yo pudiera crear ciertas soluciones que serían muy benéficas para mi generación y la de mis hijos, pero puede que esta solución no lo sea para 3 ó 4 generaciones adelante; puede ser que los meta en serios problemas, puede ser que sea altamente contaminante, así que el Innovador SNAP® lo que busca son alternativas. Siempre sabe que habrá una alternativa en donde prevalezca tanto la expansión como la sustentabilidad en el largo plazo.

Te invito a que profundices cada uno de estos puntos y logres también identificar qué es lo que más te motiva. Estos 5 puntos son comunes denominadores en los diferentes emprendimientos que han llegado al éxito y se han convertido en negocios, pero también pueden haber otras cosas que a ti te motiven y es muy válido identificarlas. Algo que a mí personalmente me motiva es **dejar un Bien mayor a la sociedad**, es decir, con lo que haga de mis empresas al final. Me motiva el poder dejar semillas positivas que puedan germinar para que tengamos una mejor sociedad, para que así cuando yo me vaya, quede un lugar mejor que al que yo llegué.

En las líneas de abajo puedes anotar tus motivaciones, y si quieres compartirlas con nosotros lo puedes hacer escribiendo a info@ignius.com.mx.

_____

_____

_____

_____

_____

_____

_____

_____

_____

_____

_____

# Historias de Éxito

**Sphero:**

¿Qué tan simple parece la idea de una esfera robot manejada a control remoto y que sea todo terreno? No suena como la gran cosa, ¿verdad? ¿Y si ahora cambiamos el hecho de que es una esfera monocromática, el mismísimo BB-8 de la película de Star Wars: "El Despertar de la Fuerza"? Suena mejor, ¿verdad?

Pues sí, efectivamente: Ian Bernstein y Adam Wilson son los genios creativos detrás de Sphero, empresa que inició con robots prototipos usando una impresora 3D y los circuitos de un Smartphone. En 2011 lanzaron en el CES su primera versión del Sphero.

Su segunda versión: Sphero 2.0 fue lanzada por Orbotix y la siguiente versión Sphero Ollie fue presentada en el CES del 2014 y a partir del 15 de septiembre se podía adquirir.

En julio del 2014, en el programa acelerador de startups tecnológicas de Disney, el Staff de Sphero fue invitado a una reunión privada con el CEO de Disney Bob Iger, quien les mostró las primeras fotos de la producción de Star Wars Episodio VII, y no desaprovechó la oportunidad de mostrar fotos de BB-8, un pequeño droide esférico.

Iger les ofreció el trato de reproducir a BB-8 usando tecnología de Sphero, quien aceptó sin dudarlo. Además Disney también hizo una inversión en Sphero.

El BB-8 de Sphero fue lanzado el 4 de septiembre del 2015 e incluye una app especial de Star Wars que entre otras cosas permite ver mensajes holográficos "proyectados" por el droide.

En tan sólo 12 horas el BB-8 vendió 22,000 unidades, las ventas de septiembre completaron cerca del 90% de las ventas anuales de la compañía.

"Estamos cambiando la forma en la que la gente interactúa con robots", dice el fundador Adam Wilson. "Esto cambia la forma en la que el mundo ve a los robots. En realidad esto cambia todo. Nunca imaginamos que esto sucedería así".

La empresa no ha revelado más números sobre las ventas de sus productos. En sus inicios recibió críticas tanto buenas por su aceleración y velocidad, como malas por sus elevados precios y la baja duración de sus baterías. Pero la empresa ha anunciado la posible disminución de sus costos debido a la alta demanda que ha presentado.

Si te interesa saber más sobre el producto, cuánto cuesta, sus funciones, cómo adquirirlo, te recomendamos las siguientes páginas:

www.bloomberg.com/the-star-wars-toy

www.amazon.com/BB-8

O la página de Sphero: www.sphero.com/

### Elizabeth Anne Holmes:

"Lo que en realidad quiero en la vida es descubrir algo nuevo, algo que la humanidad no sabía que era posible hacerse" –Carta escrita por Elizabeth a los 9 años, dirigida a su papá-.

En el año 2002, Elizabeth Holmes ingreso a la Universidad de Stanford a estudiar química. Como estudiante de primer año fue nombrada como una de las "Becarias del Presidente" y recibió un estipendio de 3000 dólares para realizar un proyecto de investigación. Fue convencida por su profesor de ingeniería química, Channing Robertson, para usar el dinero para un proyecto en su laboratorio.

El proyecto fue un éxito y tuvo un buen desarrollo, con la posibilidad de adquirir una patente; así Elizabeth mostró su solicitud de patente al profesor Robertson, y le dijo que ellos podrían poner un chip para telefonía celular en el dispositivo, diseñado por ella, como una aplicación para telemedicina. Finalmente en septiembre de 2003 Elizabeth presentó la solicitud de patente en los Estados Unidos con identificador 8101402B2 bajo el nombre "Dispositivo médico para monitoreo analítico y suministro de medicamentos".

Elizabeth Holmes le propuso crear una empresa al profesor Robertson en el otoño de 2003, cuando ella tenía 19 años de edad y durante su segundo año en la Universidad de Stanford. Ella usó el dinero que sus padres habían ahorrado para su educación para fundar la empresa Real-Time Cures en Palo Alto, California. Posteriormente, ella cambió el nombre de la empresa a Theranos (una mezcla de las palabras en inglés para terapia, y diagnóstico, therapy/diagnosis).

Un semestre después, ella se retiró de la universidad para dedicarse a tiempo completo a su negocio en el cual el profesor Robertson se desempeñó como director de la empresa.

Tras arduo trabajo y muchos inversionistas, Theranos creció lo suficiente para colocar a su fundadora en la lista de las auto-millonarias o millonarios *self made*.

En 2015, Elizabeth Holmes ocupó la primera posición de la lista de millonarias *self made* de Forbes Estados Unidos. Pocos pensaron que la chica que abandonó la carrera de ingeniería en la Universidad de Stanford hace poco más de 12 años conseguiría amasar una fortuna de 4,600 millones de dólares .

¿Cómo lo logró? A través de Theranos, una empresa que se dedica a realizar pruebas de sangre sin necesidad de agujas para detectar distintas enfermedades. "Theranos se enfoca a dar acceso, a hacer que las pruebas sean más simples, menos costosas, en poder llegar a cualquier lugar y descentralizar la atención médica", dice Holmes acerca de la compañía que fundó y actualmente dirige.

Sin duda alguna Holmes consiguió hacer un gran cambio en la vida de muchas personas con Theranos.

Con ese fuerte pensamiento de hacer algo por la humanidad, proyectos tan buenos como Theranos y su gran visión, no nos debe sorprender que en unos años, Holmes figure como una de las mujeres más poderosas del mundo.

Conoce más sobre Elizabeth y su empresa en:

www.forbes.com.mx/Holmes

www.theranos.com

**Autodesk, innovación y el embarcadero 9 (Pier 9):**

Seguramente lo has visto u oído, lo conoces o incluso lo utilizas, pero en caso de que no, te decimos qué es: fundada en 1982 por John Wilkes, co-autor del primer AutoCAD, Autodesk se ha consolidado como una compañía americana de software para arquitectura, ingeniería, manufactura, construcción, media y entretenimiento.

Sus programas de diseño se encuentran tanto en 2D como en 3D. Actualmente cuenta con más de 6800 empleados y sus ingresos anuales ascienden los $1,952 millones de dólares.

Pero, ¿qué tiene esto de innovador? Resulta ser que Autodesk lanzó un proyecto donde, en un embarcadero en la bahía de San Francisco, el equipo creativo de Autodesk colocó un taller donde se da apoyo a innovadores con ayuda de una impresora 3D.

El taller cuenta con impresoras 3D de alta calidad, para hacer los más finos cortes y trabajos. Dan ayuda especializada, brindándote a sus mejores especialistas en diseño, artistas, expertos en industria y manufactura y claro, técnicos de los mejores niveles (estamos hablando de una de las grandes empresas de software de diseño).

Al proyecto (y obvio a sus creadores) se les brinda toda la plataforma de Autodesk, no sin antes darles un curso de manejo del software con los mejores diseñadores y técnicos. Ellos ayudarán a mejorar las habilidades creativas y de diseño del emprendedor.

El taller tanto dentro como fuera es inspirador; permite que las ideas de los artistas fluyan. Además de que hay un excelente ambiente y se puede tener contacto con otros emprendedores o con los mismos genios creativos de Autodesk.

El programa de Pier 9 funciona de la siguiente manera:

-Hay una serie de eventos donde los artistas se dan a conocer, se relacionan, conocen al equipo.

-A los artistas se les permite una duración de 4 meses, donde se les va enseñando poco a poco cómo usar el equipo y cómo aterrizar de la mejor manera su idea. Se les recomienda entrenamiento.

-El taller está abierto 24 horas, los 7 días de la semana y siempre hay alguien que pueda atender.

-Los artistas reciben $2,000 (USD) mensuales de sueldo, más los fondos para su proyecto.

-Toda la propiedad tanto intelectual como material producida dentro del taller es pertenencia del artista, creador, emprendedor, etc., que lo diseña y crea.

-Todos los artistas deben publicar su trabajo en Instructables.com, y se les pide que hagan una presentación al término de su residencia.

Y está planeado para que para el apoyo de artistas que produzcan contenido inspiracional, que innoven y creen con las herramientas y recursos –únicos en su tipo- de Autodesk.

Para más información: www.autodesk.com/artist-in-residence

# SECCIÓN DOS

## El Innovador
## Empoderado

# CAPÍTULO V

## El Pensamiento del Innovador Empoderado

*"Allí donde la vida levanta muros, la inteligencia abre una salida."*

*-Marcel Proust*

Aquí hay un término que nosotros introducimos y es: El Innovador Empoderado. Pero ¿qué en realidad es un innovador empoderado? Bueno, es aquella persona que logra grandes cosas gracias a que tiene un motor interno muy bien ajustado pero sobre todo muy poderoso; digamos, a prueba de todo, que le permite seguir siempre adelante.

El innovador empoderado piensa, selecciona y juega perfectamente bien cada uno de sus movimientos, es decir, ejecuta con maestría lo que debe ser hecho.

El innovador empoderado tiene bastante confianza en él mismo: si no sabe algo, pues simplemente lo busca y lo aprende de los mejores que ya tuvieron experiencias previas y lo pone en práctica. Hay cuatro grandes áreas de preparación que tiene en su mente que lo diferencian de un innovador regular, y esto son: el Pensamiento estratégico, la preparación y Educación, la Actitud y las Relaciones. Veamos una por una para que tomes nota y también las puedas aplicar en la vida.

Sin duda alguna siempre me considero un innovador empoderado. Sé que hay docenas de modelos y teorías al respecto de la innovación que he leído y comprendido, y que también hay genios y líderes en el campo que admiro bastante, y a cada uno de ellos los respeto. También hay millones de personas que hablan de ellos y de sus teorías o de la última teoría que acaba de salir y está de moda, y eso no está mal, lo único que puedo agregar es que la ventaja de ser un innovador empoderado es que tomas lo poco o lo mucho y trabajas hasta convertirlo en realidad. ¡Eso, mis amigos, vale más que mil palabras! (como siempre), y es lo que logramos los innovadores empoderados: ¡Resultados!... ¡Grandes Resultados!

## Pensamiento Estratégico

El pensamiento del Innovador es importantísimo puesto que si la persona (y con esto nos referimos a cualquier tipo de persona) tiene un pensamiento negativo, no esperamos que logre cosas muy positivas que digamos.

Nadie que es negativo logra cosas extraordinarias (en algunos casos, ni siquiera cosas ordinarias). Por eso es que tu pensamiento debe ser muy positivo, debe ser real, debe ser un tipo de pensamiento que busca resolver las cosas, que no se detiene ante los obstáculos.

Aquí nosotros vamos a compartirte algunas claves que son las más importantes para que tengas un pensamiento innovador, que sea proactivo y efectivo, que te ayude a lograr muchísimas cosas y sobre todo, a brincar los obstáculos que en el día a día puedas llegar a tener.

### *Identificaré a quienes lo hacen mejor que yo y los superaré*

La innovación es una cuestión de sobrevivencia para las organizaciones, y es por tal motivo que constantemente se debe estar observando quién hace mejor que tú las cosas y superarlo, pues de no hacerlo desaparecerás.

Una lógica bastante estúpida es el pensar que lo puedes saber todo. Afuera en el mundo seguramente habrá organizaciones y personas que ya se han enfrentado a situaciones parecidas o inclusive iguales a las que te estás enfrentando, así que lo que tienes que hacer es ponerte a buscar proactivamente a aquellas personas, instituciones u organizaciones que han encarado problemas parecidos al que te estás enfrentando y aprender lo más posible de ellos.

En nuestra experiencia hemos encontrado que cuando identificas a quienes lo hacen mejor que tú, tienes la oportunidad enorme de aprender de sus experiencias pasadas y presentes, y esto te ahorra a ti una enorme cantidad de tiempo y sobre todo dinero, con lo cual podrás crear nuevas oportunidades y diferenciarte de tus competidores gracias a tu capacidad de investigación, abstracción y ejecución al encontrar unidad que los demás antes no habían encontrado o articulado.

## Pienso en grande

¡Los innovadores empoderados no se conforman en lo absoluto! Generan innovaciones pequeñas, pequeños mercados o simplemente acciones que puedan darles de comer o una vida cómoda.

Este tipo de innovar o de Innovadores invariablemente tienen algo en común: el pensar en Grande. Con esto nos referimos a pensar en hacer grandes obras para la humanidad, que generen grandes beneficios, que generen enormes fuentes de empleo, que revolucionen productos de industrias completas y en resumen, que generen también grandes ganancias tanto para el emprendedor como el ecosistema y la comunidad. Ya que vas a pensar, has de pensar en grande, de pensar un poco más allá de tu zona cómoda y de confort, de pensar un poco más certero, un poco más dinámico, un poco más a futuro, un poco más amplio a fin de que esta idea que tú tienes pueda convertirse de una buena idea a una excelente idea. Finalmente, así es como hemos tenido a los grandes innovadores en el mundo y así es como ellos han pensado y tenido grandes resultados.

## Pienso en dominar mercados

Cuando hablamos de innovación no hablamos de negocios o de soluciones tradicionales; por el contrario, hablamos de innovaciones que muchas de las veces y como lo comentamos anteriormente, revolucionen mercados o industrias completas. El innovador empoderado tiene en su mente el dominio del mercado. Pero, ¿a qué le llaman el dominio del mercado? Verás, el dominio del mercado es cuando tú, gracias a tu innovación o a la empresa que explota dicho innovación, eres el número Uno del mercado, independientemente del mercado al que te refieras.

Al ser una persona o una empresa innovadora tú estás accediendo al pequeño club en donde estas personas o empresas ponen las reglas del mercado, ponen los estándares del mercado, ponen el ejemplo en los mercados. Son personas u organizaciones a las que todos ponen como ejemplo y todos quisieran trabajar en ellas, o bien tener una relación laboral o contractual con ellos. El dominio del mercado es algo natural, pues los innovadores, normalmente para llegar a ser buenos, protegen sus ideas con diversas maneras de protección industrial como lo son las Patentes, Modelos de utilidad y muchos otros más, convirtiéndose de esta manera en dominadores naturales de mercados al poseer los permisos legales para poderlo hacer.

## *Lograré que mi innovación se convierta en un gran negocio*

Es fundamental que el innovador tenga en su mente y en su intención que su innovación se convierta en un gran negocio, y aquí te vamos a compartir algunas de las razones más importantes:

- Podrás tener plena libertad financiera en corto plazo
- Podrás obtener cada uno de los sueños que siempre pensaste tener
- Podrás viajar a donde tú quieras
- Podrá desempeñar las actividades que siempre has querido
- Podrás ayudar a otros a que su innovación se convierte en un gran negocio
- Podrás ayudar incluso familiares a que logren sus sueños
- Podrás crear una diferencia en la sociedad en la que vives.

# Preparación y Educación

## *Puedo aprender lo que sea*

Una enorme cantidad de personas tiene la idea malentendida de que aparentemente es difícil aprender las cosas, quizás porque en el pasado no fueron buenos alumnos en la escuela, o porque sus mismos familiares le repetían una y otra vez: que era un burro porque sacaba malas calificaciones, que no sabía estudiar, que no era un bueno para nada, etc., etc.

Esta situación que te describo es más común de lo que piensas; sucede en todas las familias y en todas las casas, y no solo ahí, también sucede en todas las organizaciones y acaba por desanimar o desmotivar a una gran cantidad de personas con efectos catastróficos en la moral y sobre todo, en el futuro de ellos y de las personas que los rodean.

La verdad es que tú puedes aprender lo que sea. Tienes una capacidad enorme e infinita para aprender cualquier cosa; el cerebro de cada uno de nosotros es un órgano maravilloso, pero más aún: la mente de cada uno de nosotros es inmensamente inteligente y rápida para aprender. Cualquier cosa que tú deseas aprender lo puedes hacer fácil, rápida y sobre todo prácticamente.

En esto del Aprendizaje, existe la idea errada o el paradigma de que en el pasado algunos fueron más listos que otros, lo que te lleva a pensar que tú no eres una persona tan lista. ¡Ese es un error terrible!. Todas las personas tenemos una mente maravillosa e infinita que es capaz de aprender cualquier cosa. Lo único que tienes que hacer es desprenderte de la idea de que en el pasado te costó trabajo y apegarte a la verdad de que puedes aprender lo que tú quieras en un tiempo muy corto. Además, en estos días tenemos herramientas increíbles como el Internet que nos ayuda a que desde el lugar y la hora en la que estemos podamos atender cualquier cosa de inmediato, simplemente basta con querer hacerlo y sobre todo, hacerlo.

## *Probablemente alguien lo hizo ya antes*

Dentro del proceso del desarrollo tecnológico existe una parte que se le denomina la búsqueda de Arte previo. A este término se le conoce cuando estás buscando que confirmen que tu intención no ha sido realizada con anterioridad por alguien en el resto del mundo. En términos coloquiales es como investigar si alguien ya descubrió el hilo negro anteriormente en alguna parte.

El innovador actual y exitoso viene con una idea maravillosa que seguramente revolucionará el mundo, pero antes que nada debe hacer esta búsqueda de arte previo o pensar que alguien lo hizo ya anteriormente y confirmar. Si se confirma que alguien ya lo inventó entonces lo que hace es encontrar las áreas grises (o también denominadas Áreas de Oportunidad) para poder encajar. Digamos "afinar la puntería" de la innovación que pretende hacer llegar al mundo, pues aquí tiene varias opciones:

- Basarse en lo que le falta al hilo negro para complementarlo, y de ahí crear innovaciones diversificadas de hilo negro.

- Basarse en conocer las características del hilo negro y con ese mismo hilo negro generar una nueva innovación.

- Reconocer que ya se inventó el hilo negro y trabajar en una nueva innovación para construir "el hilo negro de nylon".

- Reconocer que ya se inventó el hilo negro y trabajar para inventar "el hilo transparente".

Como ves, es sumamente importante hacer un análisis de Arte previo o investigar si alguien ya lo hizo antes para apuntar con mejor puntería y en su caso, definir tu innovación para hacerla más fuerte y conseguir el dominio total del mercado que hemos hablado con anterioridad.

## *Puedo aprenderlo de inmediato*

En años pasados el accesar al conocimiento que tú necesitabas podría tomar semanas, meses o incluso hasta años. El conocimiento hace años no se encontraba al alcance de la mano sino que lo tenían diferentes personas, en diferentes ciudades, en diferentes partes del mundo. El conocimiento estaba muy centralizado, fuera del alcance de la gran mayoría de las personas y era muy difícil de encontrar. Quizá había conocimiento accesible en las enciclopedias, que ahora prácticamente están desaparecidas en forma de papel salvo en algunas librerías; en libros dentro de librerías o quizá se tenga en archivos fotográficos o de micro filmaciones. Este tipo de tecnologías, la gran mayoría, ahora ya son obsoletas.

Eso fue en el pasado. Ahora, el Conocimiento es totalmente accesible, se encuentra en vídeos como los que encontramos en YouTube, se encuentra al alcance de todos; prácticamente en la palma de la mano a través de nuestro Smartphone conectado a Internet, y por supuesto, se encuentra en los hogares y oficinas a través de esas computadoras conectadas a Internet.

Hoy en día puedes aprender de inmediato lo que se te venga a la mente. ¡Sí, es correcto!: lo que se te venga la mente lo puedes atender de inmediato en prácticamente uno ó 10 minutos. Puedes encontrar información increíblemente valiosa en diferentes cursos como los que presenta Big River e-learning, Udemy o Coursera.

Te puedes inscribir a este tipo de cursos por tan sólo unos cuantos dólares y en menos de cinco minutos, empezar a tomar un curso especializado, muy especializado o de interés general. En nuestros días el no aprender algo o el no saber cómo aprenderlo es sinónimo de una persona que no quiere moverse, de una persona cómoda, de una persona que no tiene opciones, pues el innovador sabe que puede aprender lo que quiera de inmediato.

# Actitud

## *Sé que puedo fallar*

En nuestros cursos de innovación que impartimos a nivel internacional, ya sea de manera abierta o de manera privada, siempre hay alguna o varias personas que temen fallar, personas que nos dicen: *"oye, pero qué pasa si yo estoy fallando"*. Personas que tienen miedo de actuar, personas que se paralizan de terror al pensar que se pueden equivocar, personas que al final de la historia están tan atemorizadas que terminan por no hacer nada y *"es mejor quejarse de todos"* y además *"echar para abajo las intenciones de alguien que quiere arriesgarse o hacer algo"*.

Seguramente en tu vida vas encontrarte con personas (o quizás ya las hayas encontrado) que son negativas, que siempre salen con la frase tonta como por ejemplo: *"pues sí, a esa empresa Kodak le fue bien por algún tiempo, ¡pero ahora gracias a que hicieron algo mal están quebrados!"*. Y lo que pasa es que orientan el pensamiento o el foco de atención a la única cosa que ellos hicieron mal en lugar de emprender de las 200 cosas que hicieron bien. Quiero que entiendas una cosa: DEBES DE SABER QUE PUEDES FALLAR.

Y la actitud es lo más importante, pues lo que vas hacer es aprender de cada una de las fallas que pudieras llegar a tener, aprender de cada una de las fallas que las grandes empresas o los grandes emprendedores han tenido, aprender de cada una de las personas que no son tú, que han fallado alguna vez y con ese mensaje establecer acciones para que tú no seas el que falle.

## *No siempre tengo la razón*

Es fundamental que reconozcas que puedes equivocarte, que puedes no tener la razón, que puedes no saber lo que se te pregunta, que puedes hacer acciones incorrectas, que puedes tener descuidos, pero lo más importante es que sepas que puede sucederte *y que puedes seguir adelante* y que lo puedes seguir haciendo tú: las personas que reconocen sus errores son más apreciadas que aquellas que no los reconocen.

Las personas que reconocen sus errores caminan mejor por la vida, pues están atentas. De otra manera no estarían reconociendo que cometieron un error y saliendo de él; por el contrario, las personas que no reconocen sus errores son personas que con el paso del tiempo se volverán odiosas, cerrarán sus amistades, tendrán problemas en la vida, posiblemente los correrán del trabajo, posiblemente tendrán amigos que no sean sinceros con ellos, cosas negativas que ellos mismos están provocando.

No importa lo que has hecho. Es importante que siempre, repito, SIEMPRE reconozcas tus errores. Esto lo que hará es hablar bien de ti, mostrando que eres una persona 100% transparente, una persona que sabe aprender de los errores debido a que primero es capaz de identificarlos. Esto te dará muchos puntos a favor y sobre todo, como innovador, podrás aprender de las cosas que no has hecho bien.

# Relaciones

### *Experto en Relaciones*

Las Relaciones, en cualquier ámbito, sea personal, familiar, en tu Iglesia, con tu grupo de amigos, son de las cosas más importantes que debes cuidar, alimentar, fortalecer y acrecentar. Las Relaciones logran que las personas puedan ser mucho muy exitosas en menos tiempo, que puedan llegar a lugares donde nunca antes pudieron y también que puedan ser retadas (desafiadas) como nunca antes lo pensaron.

Y precisamente ese tema de ser retados es lo que ayuda muchísimo al fortalecimiento de tu carácter como innovador.

"Experto en Relaciones" quiere decir que debes de hacer lo necesario para relacionarte con las personas más poderosas, porque estas son las que ayudarán a que tu innovación sea un éxito: al Inicio para poder compartir lo que estás buscando, en Medio del proceso que es cuando buscas la creación y trabajas para poder generar esa innovación, y al Final para poder fortalecer y expandir tu innovación.

Las Relaciones son sin duda la mejor herramienta que puedes tener.

### Siempre me rodeo de personas listas

Una cuestión fundamental de todo líder inteligente es rodearse de personas que son más listas que él. Algunos innovadores piensan que deben de tener gente que sea menos lista que ellos porque piensan que les van a quitar el trabajo, lo cual es absurdo.

Necesitas tener personas inteligentes alrededor tuyo. Personas listas que sepan trabajar en Equipo, que sepan trabajar por Ellos mismos, que sepan Investigar, que sepan Resolver problemas, que TE AYUDEN a avanzar más rápido. No quieras tener alrededor tuyo solo gente que más bien te está estorbando y que te está cargando los problemas porque no saben resolverlos y que está retrasando tu proceso.

El proceso del innovador es un proceso arduo, difícil, desconocido, y si a eso tú le sumas personas "mensas" o que son tontas (porque no son personas listas) bueno… ¡pues entonces tu innovación jamás va a salir adelante!, independiente del tiempo que tardes de manera natural, pero tienes que tener a tu lado personas listas, inteligentes, proactivas a tu alrededor y que tengan la actitud de resolver los problemas y de ayudarte a salir adelante.

## Siempre busco lugares donde se reúnan mis propulsores

Nosotros llamamos "Propulsores" a aquellas personas que tienen el poder de ayudarte para que puedas duplicar o triplicar o multiplicar diez veces tu velocidad de lanzamiento o de creación de tu innovación.

Tú tienes que ser muy inteligente para poder determinar realmente quién es un Propulsor. No te vayas con la idea equivocada de que un Propulsor debe ser todo un Doctor en investigación, porque yo conozco muchísimos "Doctores en Investigación…" que más que propulsores más bien parecen "anclas", puesto que las investigaciones a su cargo no avanzan. Como que piensan que su trabajo es poner límites, y "a-lentar" (hacer lentas) las investigaciones y las innovaciones.

Tú debes de ser muy inteligente y buscar lugares, ya sea cafés, bibliotecas, foros, blogs, etc. en donde se reúnan Propulsores. Esos propulsores son gente que ha demostrado que hace las cosas bien, las hace rápido y que puede ayudar a los demás, y además tienen todo el poder para hacerlo.

## De seguro puedo aprender algo de las personas con las que me topo

Nosotros somos de las personas que siempre aprendemos de todos. Y cuando sigo siempre es SIEMPRE, en toda la extensión de la palabra.

De pronto nos hemos topado con gente muy negativa; como yo les comento, son "anclas" (que parece que detienen a la gente) y bueno, ¡también aprendo de ellos! ¿Y qué aprendemos de ellos? ¡Pues aprendemos a no hacerlo de la manera en que ellos lo hacen!

Y de pronto nos encontramos con gente que es demasiado perfeccionista, al grado de que sus investigaciones están muy bien hechas pero nunca salen al mercado. Nunca son exitosas. ¿Y qué aprendemos de ellos? A mantener un equilibrio entre la Perfección y la Productividad. Y también, ¡por supuesto!, nos encontramos a gente que es mucho muy inteligente, muy lista, pero que "en su vida" tuvo estudios profesionales. ¿Y qué aprendemos de ellos? Bueno, que la "practicidad" es de las cosas más importantes, y que no necesariamente un Título profesional te garantiza que seas exitoso. Estoy seguro de que tienes decenas de conocidos en esta situación.

Así que lo que debes de hacer es tener la mentalidad de que independientemente de con quién te topes siempre aprendas de ellos, y siempre te preguntes "¿qué puedo aprender de ellos?" Y quizá vayas a aprender cómo NO hacerlo, o quizá vayas a aprender cómo SÍ hacerlo.

Lo que te aseguro es que si vas por la vida con esa mentalidad, aprenderás de manera increíble DE TODAS LAS PERSONAS.

## Siempre soy atento y cálido con todas las personas

Parte del pensamiento del Innovador empoderado es que todas las personas merecemos respeto; y podemos dar respeto a todos los demás. Aquellas personas que son toscas, bruscas, gruñonas, enojonas, mandonas, amargadas y demás, te aseguro que lo que logran es un efecto negativo sobre sus compañeros.

Quizá estas personas gruñonas aprendieron esta manera de ser por sus padres, o quizá por sus estilos o circunstancias de vida, pero el tema es que no porque lo hayas aprendido quiere decir que está bien. Esto es muy importante que te lo grabes.

Las personas que son atentas y cálidas con todos los demás (desde una secretaria, un obrero, un operador hasta con el Director de la compañía, o el Director del Centro de investigación, o el "Doctor Máster *en todo lo que te puedas imaginar*") son personas que logran las cosas.

Las personas normales SIEMPRE buscan ayudar a las personas que son atentas, y que tienen una forma cálida de trato. Así que más vale que si no estás dentro de este grupo, ¡bueno, pues empieces a tramitar tu suscripción!, haciendo lo que sea necesario para ser una persona atenta y cálida. ¡Te aseguro que lograrás muchísimo más en menos tiempo

# Historias de Éxito

### Kickstarter:

Si tu proyecto es creativo y no quieres pedir dinero a un banco, inversionista, ni siquiera a una incubadora, por "X" o "Y" razón, tranquilo... todavía tiene solución. En este mundo "hay helados de todos los sabores y tamaños" y Kickstarter es una opción para ti en este caso.

Kickstarter es algo que se conoce como crowfounding (financiación en masa). Este concepto se basa en recaudar dinero de pequeños inversionistas o de inversionistas independientes, o simplemente de personas que simpatizan por tu causa.

Kickstarter funciona de la siguiente manera: el sitio web ayuda a la captación de recursos monetarios del público en general (hablamos de una comunidad internacional). Este modelo evita muchas vías tradicionales de inversión, haciéndolo más fácil.

La única condición para entrar, es que el proyecto cumpla con las directrices de Kickstarter para que pueda ponerse en marcha. Por ejemplo no se permiten proyectos de caridad, de "financiación de vida", ni nada por el estilo.

Los dueños del proyecto eligen una fecha límite y un mínimo de objetivo de fondos a recaudar. Si el objetivo elegido no es recolectado en el plazo, no se perciben fondos. Todo el dinero se recopila mediante Amazon Payments.

Una vez alcanzado el objetivo de recaudación, Kickstarter toma un 5% de los fondos y Amazon cobra de un 3-5% adicional. Pero a diferencia de muchos otros fondos de recaudación de fondos o inversión, y también distinto a las incubadoras, Kickstarter renuncia a la propiedad sobre los proyectos y el trabajo que producen. Es decir que el proyecto se lo queda completamente el dueño de la idea, y según su modelo de recaudación de dinero puede que tenga otros "accionistas".

Sin embargo, los proyectos iniciados en el sitio son permanentemente archivados y accesibles al público, aún después de que la financiación se ha completado, al igual que el contenido multimedia de los proyectos que se haya subido no puede ser editado ni eliminado.

Desde su inicio el 28 de abril del 2009, 10 millones de personas han contribuido con $2.2 mil de millones de dólares, a la realización de 98,889 proyectos. Y sólo para darnos una idea de la cantidad de personas que han contribuido, en la ciudad de New York viven 8.5 millones de personas.

Si quieres conocer más sobre Kickstarter, ver sus proyectos o tal vez estés interesado de entrar, te dejamos aquí su liga: www.kickstarter.com

### Pebble time:

Acabamos de hablar de una de las crowfounding más grandes del mundo, ahora hablaremos de la marca que más ha recolectado y también veremos dónde y cómo se encuentra en este momento.

La marca se presentó a inicios del 2015, y comenzó con la recaudación de fondos en Kickstarter. El reloj recibió $1 millón de dólares en tan sólo 49 minutos, lo que ya marcaba un récord y algo nunca antes visto. Como ya mencionamos también es el proyecto que más dinero ha recaudado en Kickstarter hasta la fecha, juntando $20.4 millones de dólares, en poco más de un mes, y recibiendo apoyo de más de 78,700 patrocinadores.

Pebble es un Smartwatch, el primer Smartwatch en usar tecnología e-paper. Cuenta con su propio sistema operativo, es resistente al agua, presume de tener una vida de batería de hasta 7 días, tiene compatibilidad con sistema iOS (Apple) y Android.

Al final de esta nota, te compartimos el enlace a su página y su proyecto en Kickstarter. Por si no creías que había grandes proyectos o por si dudabas de casos de éxito de esta crowfounding.

También hay muchos que aseguran que el Pebble Time es la genuina competencia del iWatch de Apple, y al menos en precio, practicidad y duración de batería, no hay duda alguna de que en estos momentos Pebble le lleva la ventaja al iWatch.

Además en su página te permite comparar sus diferentes modelos, algunos de ellos lanzados en años anteriores y hasta diseñar aplicaciones para éste.

Los links que te recomendamos visitar para seguir el emprendimiento de este proyecto son: www.pebble.com y www.kickstarter.com/pebble-time

**Píldora anticonceptiva, invento mexicano:**

Éste es uno de los inventos más trascendentes que algún mexicano haya hecho. Es usado en todo el mundo, además de ser un parteaguas y generar toda una revolución en cuanto a la educación sexual y a la sexualidad.

Carl Djerassi, de origen judío-austríaco, siendo presidente de los Laboratorios Syntex México entre 1949 y 1959, tuvo la sorpresa de encontrase a Luis Ernesto Miramontes quien sintetizaría, en 1951, la hormona que serviría de base para la píldora anticonceptiva.

Djerassi fue el director de tesis del joven Miramontes, quien junto con los científicos Gregory Pincus y John Rock, son considerados los "padres" de la píldora anticonceptiva.

Luis Ernesto Miramontes Cárdenas, ingeniero químico de origen nayarita, sintetizó en un pequeño laboratorio de la Ciudad de México la hormona que sirvió de base para crear la primera píldora anticonceptiva. Luis Miramontes era un estudiante de 26 años cuando hizo el descubrimiento para la empresa Syntex y ese episodio le valdría para ser el único mexicano en aparecer en el USA Inventors Hall of Fame, al lado de

Louis Pasteur, Thomas Alva Edison, Alexander Graham Bell, entre otros científicos famosos

La noretisterona, que fue el compuesto sintetizado por Miramontes Cárdenas el 15 de octubre de 1951, es hasta hoy uno de los ingredientes activos de los anticonceptivos orales tomados por millones de mujeres en el mundo. En 2006 fue enlistada por la revista brasileña Galileu como una de las diez sustancias químicas más importantes y revolucionarias en la historia del hombre.

La obra científica de este mexicano es bastante extensa: tiene numerosas publicaciones escritas y cerca de 60 patentes tanto nacionales como internacionales.

En 2011 fue elegido como uno de los químicos más importantes de la Historia. La elección fue hecha por la revista TCE Today publicada por la IChemE del Reino Unido.

Actualmente la pastilla es usada por más de 100 millones de mujeres al año en todo el mundo. Si multiplicamos esto por el precio de una cajita que contiene 28 pastillas, nos da un total de 600 millones de pesos mexicanos en un mes. No hay duda de que es una buena patente y demasiado redituable.

Conoce más sobre la vida de Miramontes y su obra en: www.conacytprensa.mx/el-mexicano-que-detono-la-revolucion-sexual

# Modelos y Teorías de innovación

### Crear o morir de Andrés Oppenheimer

¿Qué debemos hacer como personas y países para avanzar en la economía de la innovación? ¿Qué debemos hacer para producir innovadores de talla mundial, como Steve Jobs? Éstas son algunas de las preguntas que se plantea el autor en su obra.

Nosotros vamos a analizar un poco el contexto de América Latina, veamos por qué es que no tenemos empresas innovadoras de la talla de Google, Apple o IBM. Claro está que los latinoamericanos somos personas trabajadoras, con grandes sueños y muchos de esos sueños los hemos logrado aterrizar.

Pero también somos unas de las zonas más rezagadas económicamente y tenemos un gran número de inmigrantes genios o la llamada "fuga de cerebros". Esto da por desgracia el resultado de grandes casos de éxito de personas latinoamericanas que triunfaron, pero fuera de su país.

En su libro de "Crear o morir", Oppenheimer propone 5 grandes claves para impulsar la innovación en América Latina Estas son:

1.- Impulsar una Cultura de la innovación,

2.- Reorientar la Educación a ese fin,

3.- Modificar las Leyes que la inhiben,

4.- Estimular la Inversión en innovación,

y por último,

5.- Globalizarla.

En la obra se reconoce en el tema de los Derechos de Propiedad intelectual el rol predominante que la economía del conocimiento les ha asignado desde hace algunos años. Pero desgraciadamente en Latinoamérica la Patente no tiene el valor y reconocimiento que merece. No participa en la economía. Lo que llega a suceder en muchos casos es que la patente es sólo la simple culminación o finalización de un trabajo de investigación.

En general la Propiedad intelectual no se valora en la región, aunado a eso la poca o nula educación que se da sobre el tema de propiedad intelectual y patentes, y también el bajo apoyo en general que los ciudadanos tienen para este tipo de labores.

Aterrizando esto a números fríos y en base a los datos proporcionados por WIPO (Organización Mundial de Propiedad Intelectual) sobre el 2014, no es de sorprender que en el 2014, todo el conglomerado de América Latina y el Caribe ocupara el lugar número 13 en cantidad de patentes ganadas. La comparación se hizo por zona geográfica y países en conjunto, es decir que arriba de nosotros hay tanto países como zonas geográficas; además la estadística se hizo de patentes registradas y aprobadas en total; es decir, que si una trasnacional decidió patentar algo en nuestro territorio se nos cuenta como "punto a favor".

En el top –y para sorpresa de nadie- figuran (no necesariamente en ese orden) Asia, Norteamérica, Europa, EUA, China, Corea del Sur, Japón, entre otras superpotencias.

A continuación mostramos la tabla donde aparece el lugar en la lista, el país o región y el número de patentes obtenidas. Mostraremos el top 5, el lugar en donde está la región América Latina y el Caribe y los tres primeros países latinoamericanos que aparecen por sí solos en la lista.

| Lugar | País o Región | Número de patentes |
| --- | --- | --- |
| 1 | Asia | 634,600 |
| 2 | Norteamérica | 324,400 |
| 3 | EUA | 324,400 |
| 4 | China | 233,228 |
| 5 | Japón | 227,142 |
| 13 | América Latina y el Caribe | 17,800 |
| 21 | México | 9,819 |
| 36 | Brasil | 2,749 |
| 45 | Argentina | 1,360 |

Por tanto, y para concluir, podemos ver la urgencia del autor a motivar y alentar a toda la región, tanto gobiernos, instituciones, ONG´s como sociedad (sí, tanto tú como nosotros), a apostarle a la innovación, creación y a la propiedad intelectual.

O queremos ser una región próspera que en algunos años vea futuros emprendimientos y emprendedores de talla y clase mundial, o nos quedamos donde estamos y dejamos que sean "los otros" los que saquen las patentes de nuestro país.

Te a revisar la estadística en: www.ipstats.wipo.int

O ingresa a la página www.wipo.int/portal y haz tus propias búsquedas que, a decir verdad, tienen bastante material para analizar.

# CAPÍTULO VI

# Un Secreto de Millones de Dólares

*"Tu marca es eso que la gente dice cuando tú no estás en la habitación"*

*-Jeff Bezos*

Voy a compartir contigo las cinco motivaciones principales que a todo Innovador nos tienen que emocionar y conectar. Probablemente tú tengas más o tengas otras y esto está ¡Genial! Si quieres ser Innovador y te quieres aventar este camino de reto, aprendizaje y acción continua, **debes de tener algo que te motive**, algo que esté al final del camino o una meta a largo plazo. Tú no debes querer Innovar nada más para sobrevivir.

Yo estoy totalmente seguro de que la mejor recomendación que puede haber es cuando tú realmente has sido partícipe de algo y ya lo has hecho. Creo también que el que yo haya pasado ya por el camino de la innovación, desarrollo tecnológico, explotación de los derechos y comercialización de la tecnología, me da la Autoridad para poder comunicarte esto que te voy a decir, y poder crear y escribir este libro también.

Además, ese camino (desde la ideación hasta la comercialización de la tecnología) lo he recorrido muchas veces hasta ahora gracias a una enorme cantidad de clientes que contratan este servicio por parte de nosotros, lo cual los ha llevado a ganar, en muchos casos, cientos de millones.

Así que prepárate, porque a continuación te voy a contar mi experiencia, una de mis experiencias que puedo compartir gracias a que es precisamente algo que yo recorrí, y que ahora tengo la posibilidad, ya que ha pasado el tiempo necesario para poderlo comunicar y lograr con esto que muchas personas más se puedan beneficiar y puedan también dar a conocer esa idea y esas experiencias para poder generar muchísimo beneficio al mundo.

# La historia innovadora de Gustavo

### *Los primeros pasos... La mejora*

Cuando yo comencé a trabajar a mis 19 años, siempre tuve una orientación hacia el mejoramiento de las cosas. Desde pequeño, siempre tuve la orientación de mejorar ¡lo que sea! Cuando hice mis estudios de Preparatoria, siempre me seleccionaban para hacer las negociaciones de solicitudes de ayuda para la escuela, para platicar con diversas personas respecto a lo que íbamos a hacer, y obtener apoyo.

Así, cuando yo entré a trabajar tuve la oportunidad de estar en varias áreas, y siempre he estado observando cómo se pueden hacer mejor las cosas. Viví dos años en Brasil, estudiando una carrera tecnológica especializada y me di cuenta que allá piensan de una manera bien diferente en muchas cosas, así que esa forma de pensar la traje a México y con ello me di cuenta de que podíamos cambiar muchísimas cosas que hacíamos aquí. Lo hicimos, ¡y obtuvimos muchísimos resultados!

Así que, al pasar el tiempo, me convertí en Gerente de Mejora continua, y ahí sí, ya estaba totalmente en mi "hábitat", en lo que me gusta hacer: gracias a la Gerencia de Mejora continua pude realizar más de cien talleres de mejora en diferentes áreas de mi empresa (en la que trabajaban más de dos mil personas y exportábamos a muchas partes del mundo) e incluso llevé a cabo talleres con nuestros proveedores y algunas empresas subsidiarias, lo cual dio enormes ventajas competitivas a la empresa.

El beneficio fue que ganamos millones de dólares como empresa, obtuvimos contratos que nunca nadie había ganado antes, acortamos la velocidad de producción en más de un 50%... ¡prácticamente nos volvimos una de las empresas más rápidas EN EL MUNDO para procesar lo que hacíamos!

El problema surgió cuando varias veces (y cuando te hablo de varias veces hablo de más de una decena) llegaron los proveedores de las máquinas que habíamos modificado, les pareció buena idea, y en el siguiente "show" del ramo alrededor del mundo, ya sea en Italia o en Las Vegas, presentaban esas mejoras que nosotros habíamos hecho… ¡prácticamente "pirateándose" nuestras ideas! Eso fue lo que pasó.

Así que, pues nosotros estábamos obteniendo grandes beneficios de la aplicación de nuestra tecnología pero me di cuenta de que nos estábamos perdiendo de muchos grandes beneficios y no tenía idea de qué tanto valía lo que habíamos hecho.

## *Una situación difícil*

El tiempo pasa, y en la Industria Automotriz y Aeronáutica el costo es la moneda de comercio del día a día. Es decir, siempre tienes que estar bajando los costos. El punto positivo es que ganas contratos millonarios, el punto negativo es que te dicen "bueno, tú vas a ganar un contrato millonario o multimillonario por cinco años (¡lo cual es fabuloso! … ¡no tengo qué vender más en cinco años porque ya tengo *ese* contrato!).

El problema está en que tú tienes que bajar el costo de siete a nueve por ciento durante esos cinco años, y entonces tú decides: si bajas todo al inicio, si lo bajas al final o si lo bajas ponderado, ¡o como te dé tu gana, pero TIENES QUE BAJAR EL COSTO!

Lo problemático es que "aparentemente" tienes un negocio millonario, pero como decimos en ventas, "vender NO es ganar". Y aquí viene el problema: como empresa, nosotros estábamos envueltos en un negocio muy superior a los cien millones de dólares en el que cada vez se ganaba menos. Y menos. Y menos… ¡así que teníamos necesariamente qué hacer algo!, puesto que de seguir la tendencia así, podíamos seguir vendiendo mucho pero ganado muy poco. O peor aún ¡no ganando nada! Porque frente a cualquier error que se cometa, estas industrias (que son voraces) te lo cargan absolutamente todo; ¡cualquier error, por pequeño que sea!

Así que, si nuestro margen era muy pequeño, con una operación muy superior a los cien millones de dólares, pues cualquier equivocación podría significar una catástrofe; en pocas palabras, la quiebra de la empresa. Y entonces, pues nosotros teníamos que hacer algo de inmediato. Tuvimos que pensar estratégicamente; muchas personas estábamos pensando qué hacer porque la situación no podía seguir así, porque seguir así nos llevaría seguramente a la ruina... irónicamente, vendiendo cantidades muy superiores a los cien millones de dólares.

## La novedad emerge

Así que, un día cualquiera, un día exactamente como todos los demás, nada distinto, mi jefe, el hijo del dueño de la empresa, regresa de un viaje que había realizado a Detroit y me comenta: *"¿sabes qué, Gustavo? Resulta que estaba con uno de nuestros clientes: era verano, uno de los días más calurosos en Detroit, y fuimos a jugar golf. Más tarde, cuando terminamos (¡hacía mucho calor!) me dijo el cliente:*

*-Espera. Todavía no te subas al coche. Deja que se enfríe un poco* (era un auto convertible). *Deja que se enfríe un poco. Los asientos van a estar muy calientes porque son de piel."*

Lo más maravilloso es que mi jefe tenía en ese momento las orejas "bien abiertas" y regresó con esa frase: *"son muy calientes porque son de piel"*... ¡Ahí estaba el problema! *"Me estoy dando cuenta* —me dijo-*que efectivamente, los asientos de piel son extremadamente calientes en el Verano, y si las mujeres usan falda ¡pues se van a quemar!, y si los hombres traen shorts ¡pues se van a quemar! ¡Y aun cuando no traigas falda o short te vas a quemar si traes asientos de piel! ¿Qué hacemos al respecto? ... ¿Cómo podemos hacer asientos de piel que no quemen? ...*

Esa fue una frase que comenzó simplemente con un comentario común, en un día común, caluroso, en un auto descapotable, con un cliente que la hizo tal vez muchísimas veces previamente pero que antes de ese día nadie le había puesto atención… ¡hasta ese momento!

Y esta frase, de ese cliente que tal vez ni siquiera supo que la había dicho, se convirtió en el detonador para revolucionar la Industria de la piel.

## Una acción determinada

A partir de ese momento, mi jefe y yo decidimos investigar al respecto sobre Propiedad Intelectual: contratamos a uno de los mejores Despachos en todo México para que nos asesorara (yo estoy convencido de que tienes que acercarte a personas que ya han tenido esa experiencia previa en lo que te están diciendo para que puedas acelerar tu proceso; de otra manera, quien tú contrates quizá por ser más económico, va a estar aprendiendo al igual que tú, a tu mismo ritmo, lo cual está muy mal puesto que tenemos que ser bastante veloces para todo). ¡Y entonces hicimos todo un Plan!

Empezamos a ser asesorados, por un lado, y por otro lado empezamos a investigar como nunca antes lo habíamos hecho, pues estábamos en una Industria bastante tradicional, y dentro de esa industria tradicional, lo que nosotros llamábamos "tecnología" no se parecía en nada a la Tecnología que estábamos desarrollando ahora. Así que comenzamos a investigar *¡¿cómo demonios lograr que la piel no se calentara..?!*

Obviamente, la gran mayoría de las personas que sabían de piel nos decían que era una estupidez: "¡toda la piel se calienta!"

Eso fue hasta que dentro de nuestras investigaciones dimos con un artículo que se llamaba *"When the Black is White"* ("Cuando el negro es blanco"), y que habla respecto a una empresa en Dayton, Ohio, en E.U., que había desarrollado un pigmento negro que tenía el poder reflejante igual al blanco; tú sabes que la gama del color negro absorbe la energía y la de los colores claros o blanco reflejan la energía. Y estos cuates habían logrado crear un pigmento negro que reflejaba la energía… ¡maravilloso! Y luego dimos con otra tecnología: la tecnología que se usa en las casas muy frías que utiliza partículas especiales para poder absorber el calor.

Así que, lo que hicimos, fue elaborar un proceso que fue patentado: fueron otorgadas 3 patentes después de un proceso de investigación que duró nueve meses aproximadamente, y desarrollamos una piel que no se calentaba. Una piel que, compitiendo contra otra, lograba ser tres grados más fría o absorbente con relación a todas las demás (tres grados, en *esas* zonas sensibles de tu cuerpo, ¡son muchísimos!).

Este trabajo, como dije, nos llevó nueve meses de intensa búsqueda, de intensa labor, de conocer lo que no habíamos conocido, de hacer pruebas, de no importarnos lo que los demás estaban pensando... inclusive gente de nuestra misma Compañía que estaba en contra de hacerlo porque temían que fuera a fracasar; los puedo llegar a entender, aunque no comparto su postura: habiendo realizado muchísima asesoría respecto a Innovación y productos nuevos, me he dado cuenta de que siempre existe gente que tiene miedo y que se opone a ese tipo de desarrollos y de nuevas ideas y nuevos conceptos.

Al final, pusimos muchísima acción, y esta acción rindió frutos totalmente: la piel cumplió todas las especificaciones necesarias. No tuvo ningún problema. Fue totalmente confirmada, fue aprobada por centros reguladores de Phoenix, Arizona (de los mejores centros de pruebas del mundo), y no solo eso, sino que creamos inclusive un protocolo de pruebas que antes no existía, y denominamos a esta piel "Piel Thermo leder".

Ahora, a diferencia del pasado, en esta ocasión TODO ESTABA PROTEGIDO: teníamos Contratos de confidencialidad, teníamos Bitácoras para los desarrolladores. Todo estaba dentro de un Protocolo de investigación que era muy productivo, muy efectivo, muy seguro pero sobre todo muy ágil. No queríamos tener, además, otro equipo de personas documentando el proceso y que nos atrasara todo lo demás. Queríamos tener procesos eficientes.

¡Y eso fue lo que logramos!

## Una producción multimillonaria

Una vez que pasamos todas las pruebas físicas, pero además todas las pruebas que nuestra gente interna de Ventas nos pidió, fue momento de ir a Estados Unidos, ya con la patente en trámite, a mostrar el resultado a los demás. Y gente súper poderosa de armadoras automotrices, de las principales armadoras automotrices de Estados Unidos y de los proveedores denominados *Tier 1*, que son los proveedores más importantes, ¡se quedaron maravillados de lo que el *Thermo leder* podía llegar a hacer! Les demostramos cómo teníamos el control completo de esta tecnología, y al cabo de unas semanas empezamos a recibir ofertas con las cuales lo que te puedo llegar a decir se obtuvieron, gracias al Thermo leder, negocios multimillonarios, elevando no solo la cartera de ventas de nuestra compañía, sino que además con ventas que salían del costo (¿recuerdas que el problema que teníamos era el costo..? ¡pues si seguíamos peleando con el costo nos íbamos a morir!)

Pero como creamos algo, inventamos algo, desarrollamos algo cien por ciento innovador, entonces nos salimos totalmente por fuera del costo: tuvimos la oportunidad de poner el precio nosotros y no que el mercado pusiera el precio. Y además de todo, teníamos el control de las patentes, con un valor multimillonario, y lo mejor de todo, aunado a todos estos beneficios que te cuento es que ahora ya sabíamos producir tecnología y *co-mer-cia-li-zarla*.

Pero mejor aún: el valor de nuestra empresa se elevó como nunca antes lo había hecho, no gracias a sus activos físicos (su maquinaria, o sus instalaciones, o demás activos), sino gracias a sus Activos Intelectuales; es decir, lo que sabía hacer la Compañía. Y ese **Saber Hacer** (*Know how*) ya demostrado, no nada más en ideas, sino *demostrado* en Patente y en Productos comercializables de Alto Valor tecnológico, elevó increíblemente el valor de la compañía, lo cual fue muy redituable: unos años después, una de las tres Compañías más importantes del mundo entero se interesó en adquirir la empresa donde yo trabajaba, que anteriormente no era tan significativa porque no teníamos absolutamente nada que nos diferenciara de las demás.

Esto, mi amigo, es un reflejo claro de lo que se puede hacer con la Innovación, es un reflejo de los frutos de la Innovación, de los beneficios de la Innovación. Y ese camino que seguí lo dominé tanto, que ahora mi Equipo y yo somos capaces de poder replicarlo en muchísimas compañías, con beneficios mayores a estos gracias a este dominio del *Know how* ¡y claro!, gracias a la entrega y participación de las Compañías que quieren ser innovadoras, y que ponen todo para hacerlo.

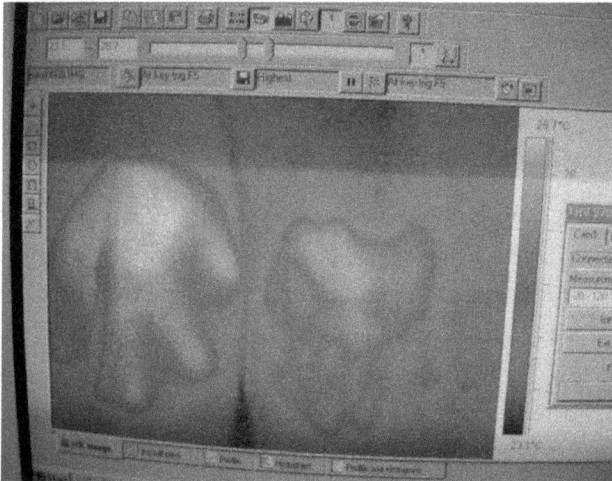

(Imagen. 1 ) Aquí se muestra como el calor de una mano es mas absorvido por una piel normal que por una piel Termoleather (Thermoleather en la Derecha).

(Imagen. 2) La asesoría especializada de Phd. de Chicago en Termodinámica para determinar el tamaño de las nanopartículas. (En la foto mi Gran Amigo el Mtro. Francisco Pérez Díaz)

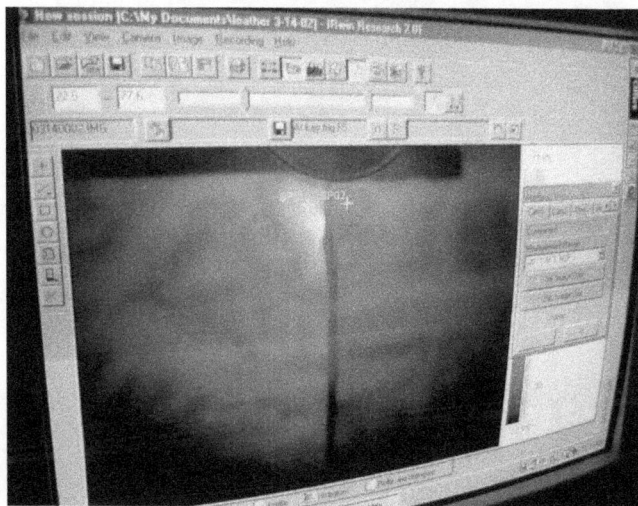

(Imagen. 3) Aquí se muestra como el calor de nuestra fuente de irradiación es mas absorbido por una piel normal que por una piel Termoleather (Thermoleather en la Derecha).

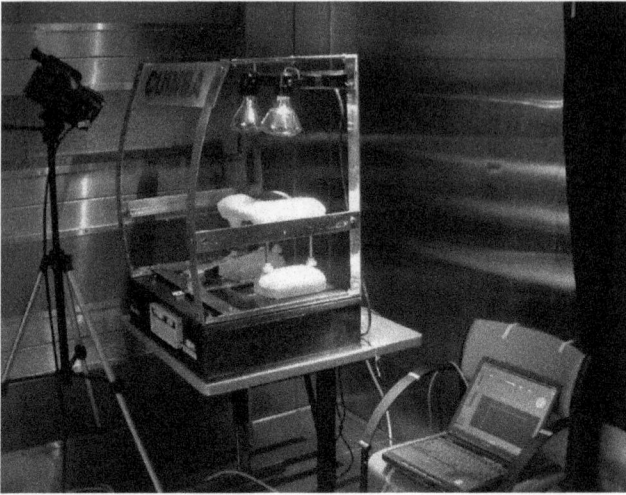

(Imagen. 4) Aquí se muestra el dispositivo de pruebas creado para la comprobación del efecto térmico, así como una cámara térmica dentro de una cámara de control ambiental.

(Imagen. 5) Aquí el equipo directivo de nuestra empresa junto con proveedores norteamericanos en una visita que incluía asesores especializados en propiedad intelectual, directores ejecutivos y de tecnología de la empresa, y claro, yo (segundo de derecha a izquierda).

## Method of incorporating heat-stable partcles in leather

US 20050228068 A1

### RESUMEN

This invention outlines laminates With low capacity for heat absorption with suitable optical and thermodynamic properties for thermal control, useful in the car-making industry, in furniture, and other household, as well as In articles of clothing. Materials Incorporate several technologies efficiently regulating temperature, both for reflecting infrared light and for regulating temperature, regardless of the material color, and therefore, achieving a comfort greater to that obtained with laminates from the previous art. The invention allows obtaining also materials with no deterioration due to aging chemical reactions. In addition, this invention describes a process to obtain laminates with low capacity for heat absorption.

| | |
|---|---|
| Número de publicación | US20050228068 A1 |
| Tipo de publicación | Solicitud |
| Número de solicitud | US 10/506,099 |
| Número de PCT | PCT/MX2002/000097 |
| Fecha de publicación | 13 Oct 2005 |
| Fecha de presentación | 8 Oct 2002 |
| Fecha de prioridad ⑦ | 8 Mar 2002 |
| También publicado como | CN1625604A, 8 más » |
| Inventores | Juan Guerrero-Salinas, Juan Perez-Diaz, Gustavo Hernandez-Moreno |
| Cesionario original | Cueros Industrializados Del Bajío, S.A.De C.V. |
| Exportar cita | BiBTeX, EndNote, RefMan |

Citas de patentes (3), Citada por (1), Clasificaciones (16), Eventos legales (1)

Enlaces externos: USPTO, Cesión de USPTO, Espacenet

### IMÁGENES (10)

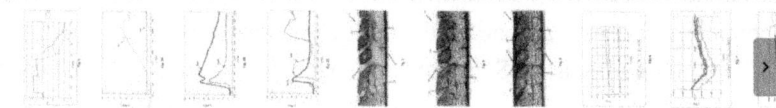

### DESCRIPCIÓN

FIELD OF INVENTION

[0001] This invention related to techniques for finishing laminates, and particularly, relates to laminates with low capacity for heat absorption and process for their elaboration.

BACKGROUND OF THE INVENTION

[0002] There is a great assortment of products exposed to different heat sources incorporating laminates. Among the products most exposed to said heat sources are laminates making up different auto parts, and which are normally exposed to the sun throughout long periods of time, circumstance that triggers a considerable increase in the temperature of such laminates.

[0003] Due to the above, the thermal comfort of passengers in a vehicle has currently become a parameter of great importance both for automobile manufacturers and their end users.

[0004] In addition, this trend has been triggered by the impact this comfort has on the air conditioning systems, since they affect the power consumption of said systems, and their effects on the global warming.

[0005] The temperature in a driver's cab can exceed 80° C. in a warm

### RECLAMACIONES (17)

1. A laminate with low capacity for heat absorption of the type comprising a fiber, matrix, characterized in that it includes at least a weight of 0.5 to 3.5% on the basis of the fiber matrix weight, an agent with high capacity to reflect infrared radiation incorporated within such fiber matrix, and/or, at least a coating with at least 3% of an agent with high capacity to reflect Infrared radiation applied on at least one of the laminate surfaces; wherein the agent with high capacity to reflect radiation is selected from inorganic colorants or pigments with high reflection of infrared radiation with a reflectance greater than 40% at the wavelength interval from 760 to 250 nm, which are in crystalline form and particularly selected among Titanium oxides (IV), Nickel (II), Babbit metal (V), Chromium (III), Copper (II), Iron (II), Iron (III), Manganese, (II), Manganese (III), and Manganese (IV) or combination thereof.

2. A laminate according to claim 1, further characterized in that the coating with the agent with high capacity to reflect infrared radiation is external.

3. A laminate according to claim 1, further characterized in that such laminate is selected among laminates formed by natural or synthetic

### EVENTOS LEGALES

| Fecha | Código | Evento | Descripción |
|---|---|---|---|
| 18 Sep 2003 | AL | Designated countries for regional patents | Kind code of ref document: A1<br>Designated state(s): GH GM KE LS MW MZ SD SL SZ TZ UG ZM ZW AM AZ BY KG KZ MD RU TJ TM AT BE BG CH CY CZ DE DK EE ES FI FR GB GR IE IT LU MC NL PT SE SK TR BF BJ CF CG CI CM GA GN GQ GW ML MR NE SN TD TG |
| 18 Sep 2003 | AK | Designated states | Kind code of ref document: A1<br>Designated state(s): AE AG AL AM AT AU AZ BA BB BG BR BY BZ CA CH CN CO CR CU CZ DE DK DM DZ EC EE ES FI GB GD GE GH GM HR HU ID IL IN IS JP KE KG KP KR KZ LC LK LR LS LT LU LV MA MD MG MK MN MW MX MZ NO NZ OM PH PL PT RO RU SD SE SG SI SK SL TJ TM TN TR TT TZ UA UG US UZ VC VN YU ZA ZM ZW |
| 12 Nov 2003 | 121 | Ep: the epo has been informed by wipo that ep was designated in this application | |
| 30 Ago 2004 | WWE | Wipo information: entry into national phase | Ref document number: 2002782017<br>Country of ref document: EP |
| 2 Sep 2004 | DFPE | Request for preliminary examination filed prior to expiration of 19th month from priority date (pct application filed before 20040101) | |

(Imagen. 6) Aquí la patente otorgada junto con su alcance.

# Emprendimiento e Innovación

### Amazon.com de Jeff Bezos:

Vamos a dedicar este capítulo para hablar de Amazon, su historia, valor, su CEO y todos sus inventos. Verás cómo con un poco de visión, empeño y astucia puedes hacer de una idea, un gigante de la Economía.

A sus 51 años, Jeff Bezos estaba en el lugar número 17 de las personas más poderosas del mundo en el 2015, según Forbes. Es el 3er. millonario en Tecnología y el 15 de la lista mundial de Forbes, 2015. Su fortuna neta se estima en $55.6 mil millones de dólares y es fundador y actual CEO de Amazon.

Amazon nació 1994 y fue lanzada hasta mediados de 1995, con el nombre de cadabra.com y comenzó siendo una librería en línea. Comenzando con la gran cantidad de 200,000 títulos.

Más tarde fue re-bautizada a su nombre actual. Uno de los motivos era porque en ese tiempo circulaban listas de nombres de páginas en orden alfabético y con este nuevo nombre, Amazon aparecía entre los primeros lugares.

La empresa salió a la Bolsa hasta 1997, y comenzó a vender sus acciones a 18 dólares (actualmente oscilan por los $600 dólares). Lo más sorprendente es que Amazon tenía un plan económico inusual: no cambió nada en 4 o 5 años.

En 1999, la prestigiosa revista Time Magazine calificó a Bezos como la persona del año, por ser dueño de Amazon que ya comenzaba a tener más popularidad.

Pero por increíble e insensato que parezca, su táctica de no cambiar nada durante esos años le funcionó. Fue hasta el 2002 que abre una nueva línea de servicios y este mismo año ya estaba consiguiendo un beneficio de $3.9 mil millones de dólares; en 2003 $5.3 mil millones, en 2004 $6.9 mil millones... ¡bueno! Creo que ya quedó clara la idea.

Amazon ha absorbido numerosas empresas, al igual que otros gigantes como Google o Microsoft. Algunas de sus adquisiciones son:

Audible (empresa de audiolibros), Mobipocket (empresa que crea libros electrónicos y dispositivos para leerlos) y Fabric (empresa de costura).

Además de que ha lanzado sus propios productos como el Amazon Kindle, el cual sirve para leer libros electrónicos y ha tenido un gran impulso desde el 2009.

Actualmente la empresa es catalogada como la 13 marca más valiosa (Forbes, 2015) y tiene un valor de $175.1 mil millones de dólares, reportando ventas anuales de $88.9 mil millones de dólares.

Checa el perfil de Jeff y el de Amazon en: www.forbes.com/jeff-bezos/ y www.forbes.com/amazon

**Amazon Prime:**

Ya teniendo un mercado un tanto consolidado en ventas de distintos productos, Amazon lanza Amazon Prime en febrero del 2005. Es una membresía estilo "todo lo que puedas comer" de envío exprés, un programa que cuenta con cerca de un millón de productos.

El propósito de esto es hacer una experiencia del envío rápido y no algo ocasional de la empresa.

Prime garantiza tres cosas: 1. Envíos en un máximo de dos días, contra la competencia que es de 4 a 6 días. 2. Garantizar la experiencia de dos días y garantizada.   3. Hacer ilimitado este servicio de "todo lo que puedas comer" con la membresía anual.

El primer año, gastaron varios millones de dólares en los envíos y las matemáticas no estaban a su favor. La decisión de seguir adelante fue el deseo de que el consumidor viera que se le estaba ofreciendo el mejor trato en la historia del *shopping*, además de que Amazon se percató de que si conseguía escalar el servicio, la balanza se inclinaría a su lado.

Y lo consiguió: decenas de miles de personas se unieron a Prime en tan sólo un mes. Actualmente Prime sigue siendo un hit con los miembros. De acuerdo con Amazon, Prime es una de sus subscripciones de servicio más populares del mundo.

Este servicio reportó un aumento del 50% en 2014 a escala global. Hoy en día ya no son decenas de miles, sino decenas de millones de suscriptores.

La membresía actualmente cubre el envío rápido (en algunos casos llega el mismo día del pedido, según la ciudad) e ilimitado de más de 20 millones de artículos. También acceso ilimitado a un millón de canciones en streaming, más de cien mil listas de reproducción y cientos de estaciones con Prime Music.

Prime es una estrategia de mercado bien llevada a cabo, en la que después de una fuerte inversión, se consiguió recuperar y sobre todo ganar en el aspecto económico, atrayendo y manteniendo a un gran número de clientes.

Revisa la membresía aquí: www.amazon.com/prime


**Productos Amazon:**

El *Goliat* de ventas por internet no iba a quedarse atrás en vender sus propios productos. Aquí te presentamos algunos de ellos.

**Dash Button**: Fue lanzado en el 2015 y pretende llevar la experiencia del shopping a niveles nunca antes vistos: con sólo apretar un botón ya habrás ordenado el producto. Está diseñado para eliminar esos momentos en los que te das cuenta que olvidaste comprar artículos para el hogar, como suele ser detergente para la ropa, comida para el perro, dentífrico, bolsas para la basura, etc. Mira cómo funciona y déjate sorprender por tan práctico e innovador producto en: www.youtube.com/dash-button

**Kindle**: Práctica, versátil y ligera pero con un gran contenido. Es una Tablet con un display estilo e-paper (tinta digital), en la que podrás cargar todos tus libros y los podrás leer cómodamente. Con ella podrás descargar tus libros favoritos en menos de 60 segundos. Puedes ver su promo aquí: www.youtube.com/kindle

**Echo**: Este producto parece sacado de una película de ciencia ficción... ¡hasta podría decirse que se parece a Jarvis de las películas de

Iron-Man! Echo es un dispositivo que se activa cuando le llamas de cualquier parte de la habitación, y contesta cualquier pregunta. Te permite tener control de Amazon Music, Prime Music, Pnadora, iHeartRadio y Tuneln. Con un discreto diseño, tiene más que sólo respuestas; te da las noticias y hasta tiene contador. Mira cómo funciona en: www.amazon.com/Echo

**Fire TV**: Lanzada en abril del 2014, esta pequeña caja que se conecta a la entrada HD de tu televisor, permite un acceso rápido a servicios streaming como Netflix, HBO GO, WatchESPN y Hulu Plus. También te puede mostrar galería de fotos, poner música y juegos. Algo que es muy atractivo de este producto es que permite realizar búsquedas usando comando de voz: diciendo por ejemplo el nombre de la película ésta aparece inmediatamente en pantalla. Sorpréndete de este producto en: www.youtube.com/Fire-TV

**Amazon Launchpad:**

Por si fuera poco, además de brindar servicios de entrega rápida y tener sus propios productos. Amazon también apoya a las start-up, promocionando sus productos y consiguiéndoles clientes rápidamente.

Amazon Launchpad es el lugar en donde encontrarás nuevos, únicos y extravagantes productos de varias start-ups. Reúne varios productos innovadores, que difícilmente encontrarás en otra parte, y siempre encontrarás algo nuevo.

También muestran la historia de los inventores y emprendedores que llevaron esas ideas a la vida. La mejor parte es que la compra se hace con la seguridad y confianza que Amazon ofrece. Es un negocio ganar-ganar-ganar: gana el cliente, gana la start-up y claro, gana Amazon.

Así que si ya te consideras una start-up, Amazon Launchpad es el lugar ideal para lanzarte. Amazon Launchpad te ayudará a colocar tu producto en el mejor lugar, con miles de clientes potenciales. Es una oportunidad que no deberías dejar ir.

Además te dan ayuda para crear el programa de marketing que sea más conveniente para que lances esa idea al mercado y que sea descubierta por la clientela de Amazon.

Si consigues ser acogido por Amazon Launchpad, ten por seguro que no escatimarán en recursos ni herramientas para ayudarte a construir tu marca y llevarla inmediatamente al mercado global. Puedes confiar en que la infraestructura de Amazon hará que tu producto llegue a donde tiene que llegar y como debe llegar.

Así que ya lo sabes, si quieres posicionarte rápidamente en un mercado internacional tienes esta grandiosa opción. Puedes ver los productos y más información de Amazon Launchpad en: www.amazonlaunchpad.com

# Modelos y Teorías de innovación

La filosofía de Jeff Bezos

En una entrevista le preguntaron a Bezos, CEO de Amazon, sobre los riesgos que ha tomado su compañía. El comentario junto con la pregunta fue: "Si la filosofía de Amazon sigue siendo la toma de apuestas aventuradas, yo esperaría que algunas de ellas no funcionen, pero la realidad es que no he visto nada de eso. Entonces debo preguntar, ¿Dónde están las ideas fracasadas?"

Y la respuesta de Jeff Bezos fue:

Uno siempre debe anticipar cierta cantidad de fracasos. Nuestras dos más grandes iniciativas, Amazon Web Services y Kindle, salieron muy bien.

Noventa y tantos por ciento de la innovación de Amazon ha aumentado, tiene más impacto y es mucho menos riesgosa. Hemos aprendido a abrir nuevas categorías de productos. Sabemos cómo abrir nuevos mercados. Eso no significa una garantía de que vayan a trabajar, pero hemos adquirido mucha experiencia y mucho conocimiento.

Ahora sabemos cómo abrir un nuevo mercado, si abrirlo o no, dónde localizarlo, que tan grande puede llegar a ser. Pero todas estas cosas son en base a nuestra historia, son cosas que ya aprendimos a hacer cuantitativamente y no sólo por mera intuición.

Una de las cosas que aprendimos es, que si tú inventas muy frecuentemente, probablemente nunca llegues al punto cuando realmente posiciones a toda la compañía. Hay que saber en qué momento sembrar y cuánto sembrar, para más tarde poder asegurar y cosechar lo sembrado.

Te puedo garantizar que de todo lo que estamos haciendo, no todo va a funcionar a la primera. Pero eso no me preocupa, porque somos muy tenaces en nuestras proyecciones, y somos flexibles con los detalles. No nos rendimos fácilmente con las cosas.

Ahora bien, si por ejemplo llegas a un punto donde miras hacia atrás y te das cuenta que has invertido bastante dinero en algo y no está trabajando, y que por otro lado tienes otros pequeños negocios u oportunidades; y en este hipotético escenario, tú decides dejar a un lado en lo que ya has invertido, ¿qué sucede el día que decides dejarlo? Tus márgenes de operación se van para arriba porque dejaste de gastar dinero en algo que no servía. Entonces, ¿fue una mala decisión?

Así que mi mente ha aprendido a bloquearme o llenarme de pensamientos que digan que no podemos permitir esos riesgos, porque el peor de los escenarios nunca me parece tan malo. Pero creo que para llegar a ese punto de vista, se requiere una cultura corporativa, y no es sencilla de obtener.

Una de las historias que más nos recordamos a nosotros mismos es que siempre estamos dispuestos a inventar, estamos dispuestos a pensar a largo término y sobre todo, estamos dispuestos a crear malentendidos o confusiones al inicio de cada invención. Creo yo que si no tienes esa clase de cosas en tu cultura corporativa, no podrás llegar a gran escala en tus invenciones.

Con esta forma de pensar, puedes lograr un incremento en tus invenciones, lo que es de crítica importancia para cualquier compañía. Pero todo esto es muy difícil si tienes miedo a ser malentendido o causar confusión al inicio.

No tengas miedo a ser mal entendido. Llegará el punto en el que la gente y tus clientes comprenderán el por qué lo hiciste, al ver a lo que llegaste.

Si quieres leer el artículo en inglés ingresa a: www.slate.com/people_will_misunderstand_you

# CAPÍTULO VII
## Mente Millonaria

*"Un hombre con una idea es un loco hasta que triunfa"*

*-Mark Twain*

La mente millonaria es uno de mis capítulos favoritos en este libro, puesto que te puedo decir que he ayudado a muchísima gente no solo a ser mejores innovadores sino a ser mejores personas, mejores emprendedores, mejores empresarios y mejores productores millonarios. Es algo que desde mi niñez, mi papá, aunque no fuimos una familia millonaria, me enseñó a tenerlo. Y gracias a eso, te puedo decir que hoy, después de muchos años de trabajo inteligente, y de fundar varias empresas actualmente en Operación y en Expansión, puedo decirte que funciona SIN TEMOR A EQUIVOCARME.

Así que, ¡acompáñame en esta aventura para que seas testigo de cómo puede dar resultados en tu vida!

## No importa tu cuna

La gran mayoría de las personas piensan que si tú no naciste en una "cuna de oro" va a ser muy difícil que logres salir adelante. Existen muchísimos pensadores y personajes de la Historia que han demostrado que esto es una mentira. Sin embargo, por alguna extraña razón, la mayoría de las personas siguen considerando esto como una gran verdad.

¡Bueno! Pues por favor, tienes que entender que NO IMPORTA LA CUNA DE DONDE PROVENGAS. Tú puedes salir adelante.

Existen innumerables ejemplos, y además, en este mismo libro te hemos compartido muchísimos de ellos que demuestran lo que te estoy comentando. Es más, arriba del 95% de los negocios actuales vienen de personas que antes no tuvieron dinero. Entonces, ¿qué esperas tú para poderlo hacer?

Gracias a que yo supe relacionarme con gente bien, y también multimillonarios; gracias a que no tenía un trauma de que yo no estaba en ese club, es que ahora soy uno de ellos, y que los negocios que tenemos tienen muchísima expansión. Y los negocios que asesoramos rinden mil o diez mil veces y se expanden así.

Entonces, es importante que olvides el tema de la cuna y te pongas a trabajar. Cualquier persona tiene las oportunidades, y en este libro te estamos exponiendo los hechos al respecto.

## Sólo son aprendizajes

En un día, **todo lo que te pasa son Aprendizajes.** Absolutamente todo: desde el momento que te estás levantando, hasta el momento que te vas a acostar, todo es aprendizaje, y tú puedes aprender de ello, ya sea las cosas negativas o positivas que te pasan, ya sea las cosas básicas o las cosas muy importantes. Por ejemplo, tú puedes estar en un Junta y puedes aprender de cómo los reunidos ahí están perdiendo el tiempo o cómo lo están haciendo valer.

O puedes aprender de una persona que de pronto se pone a trabajar y puede hacer cinco veces más de lo que hacía en un tiempo normal, y bueno, aprendes a que la persona realmente tiene esas capacidades (¡y que los otros días se hizo menso!).

Todo son aprendizajes. Tú puedes aprender muchisisísimo de la persona nueva que entra a trabajar contigo; no pienses que porque es nuevo no sabe nada y no puede aportar nada a tu Organización. ¡Por el contrario! Puedes aprender, y ellos te pueden decir *"mira, hazle de esta manera, hazle de esta otra manera.."* Para el tema de la Innovación, ¡todo es aprendizaje! ¡En tus manos está el Aprendizaje!: tienes tu teléfono en tus manos y puedes decir

"¡hombre!, ¿cómo puedo crear una funda que sea más transparente, más ágil, más segura, más estética, más adherible...?

O sea, ¡es increíble lo que puedes aprender de las cosas básicas de la vida! El problema es que, como la gente no tiene esa idea, se pierde de muchisisísimo y acaba por ser un "zombie" de la vida, como nosotros decimos en nuestros Talleres: no se da cuenta de todas las inmensas oportunidades que hay día con día, y por tanto, al no darse cuenta, le están pegando en la cara (literalmente) ¡y él no la ve! Es un zombie. No reacciona. ¡Está muerto para la vida!

Y luego llega a su casa pensando: *"aay... ¡qué difícil fue el trabajo... y no hubo ninguna oportunidad!"*, cuando en realidad hubo cientos de ellas que se le presentaron. O si tú quieres, no cientos, pero tal vez decenas de oportunidades que se presentaron y que no supo aprovechar simplemente porque no estaba abierto a ellas.

## Tienes que estar bien con el dinero

Hay personas que tienen una mala relación con el dinero. Y por mala relación puedes entender que lo gastan demasiado. O piensan que el dinero es malo y por lo tanto no hacen cosas para ganarlo puesto que si hicieran cosas para ganar dinero, tendrían mucho dinero y como piensan que el dinero es malo pues entonces son muy malas personas; o no saben administrarlo, o no saben generar más dinero y simplemente gastan, o gastan el dinero antes de ganarlo, y una serie de situaciones de malas relaciones con el dinero.

Es muy importante, antes de que conozcas el Modelo de Innovación Snap, que tú tengas una buena relación con el dinero, que puedas estar bien con el dinero, que hagas las paces con el dinero, que te hagas amigo del dinero, que te hagas socio del dinero, puesto que si así lo haces entonces podrás saber buscarlo con personas que lo tienen. Y una vez que obtengas ese dinero, podrás saber administrarlo y no gastártelo. Lo podrás aplicar sabiamente en donde es conveniente. Y si lo aplicas sabiamente en donde es conveniente entonces podrás tener mejores resultados, cualesquiera que sean ellos.

Y si tú obtienes mejores resultados en tu innovación teniendo siempre dinero, vas a estar tranquilo, puesto que no vas a estar pensando *¡¿cómo demonios le voy a hacer para pagar todas mis deudas?!* porque tienes una buena relación. Y si tú estás tranquilo puedes pensar mejor en tu innovación, y ésta puede salir muchísimo más rápido y ser mucho más efectiva.

Ahora, al hacer esto, lo que va a suceder es que tu Innovación sale al mercado, y vas a poder invertir sabiamente en aquellas herramientas que te van a ayudar a promover mejor tu innovación, y esta va a generar muchísimo más dinero. Y como genera mucho dinero y tú lo estás recibiendo, pues entonces podrás también sabiamente aplicarlo a cosas para poder seguir generando más, y con esto también proporcionar más beneficios a la Sociedad y a la Humanidad.

Por esto es que tú debes de tener una buena relación con el dinero, porque si en algunos puntos de la cadena que te acabo de comentar tu relación con el dinero no es buena, pues el último punto de la cadena que es el generar beneficios para ti, o para la sociedad, o para la humanidad, simplemente NO SE VA A DAR, porque rompiste alguno de los eslabones de la cadena, y si se rompe pues la cadena no está completa.. ¡sólo es un trozo de cadena!

Es increíble cómo poca gente (sobre todo aquellos que NO tienen dinero) logra que mucha gente sea adversa al dinero, y con esta adversidad la mayor parte de la sociedad sale perdiendo, ya que en un mundo capitalista, pues simplemente *si no tienes dinero* te metes en graves problemas. Y no tiene nada que ver con el amor, tiene que ver con el dinero: tiene que ver con que si no lo tienes, ¿a dónde vas a mandar a tus hijos a estudiar?, o ¿con qué les vas a dar de comer?, o ¿con qué los vas a vestir?, ¿cómo te vas a dar más gustos?, ¿cómo vas a salir de vacaciones? ¡Todo eso tiene que ver con el dinero!

**El Dinero es bueno.**

¡Haz las paces con él! ¡Hazte socio de él! Y si lo haces, te aseguro que aplicándolo sabiamente tendrás muchos beneficios en tu vida.

# Emprendimiento e Innovación

### jamstik+:

¿Quieres aprender a tocar guitarra, pero no sabes a dónde ir, o no tienes tiempo para clases, o tal vez ni sabes qué tipo de guitarra comprar? Descuida, **jamstik+** es lo que estás buscando.

Es la mejor guitarra en su tipo, con tecnología BluetoothSmart. Esta guitarra digital con cuerdas reales, se conecta con tu iPad, iPhone o Mac y con una gran cantidad de aplicaciones para música, incluyendo una app con series interactivas para aprender a tocar guitarra. Este "juguetito" le permite a cualquiera tocar, desde un principiante hasta a un guitarrista profesional.

Es ergonómica, lo que permite que puedas acomodarte fácilmente con ella y es una manera muy divertida de aprender a tocar guitarra. Jamstik+ ayudará a que sin importar tu estilo de vida puedas aprender, ya que, además de todo, es portátil y puedes usarla en cualquier lugar.

Aprenderás a tu tiempo y paso, sin necesidad de hacer horarios. No necesitas tener experiencia o conocimiento alguno para utilizarla.

¿Y el maestro? No hará falta con jamstik+, ya que es la única guitarra digital que permite sentir tus dedos y mostrarlos en la pantalla y en tiempo real, con lo que podrás ver si te has equivocado o si vas bien.

Prácticamente es como tener a tu propio instructor personalizado, que te acompañará en cada pieza que intentes tocar.

El proyecto se financió con ayuda de Kickstarter, el 25 de marzo del 2015 y el 6 de mayo de ese año, juntaron $813,803 (USD) de 2,991 patrocinadores. Y actualmente lo puedes encontrar en AmazonLaunchpad y aunque no se puede ver cuántos han vendido, seguramente han sido bastantes para aparecer en el top 5 de AmazonLaunchpad. Visita su sitio de compra y mira lo increíble y creativo que es en: www.amazon.com/jamstik+

### Blue Smart Carry-On Luggage:

Hemos llegado a la "Smart era", donde todo tiene la posibilidad de hacerse "Smart", es decir, hacerse práctico, conectable, fácil de manejar y con un montón de funciones que la hacen más deseable que los "no-Smart objects".

El equipo de Blue Smart sabe lo que ser "Smart" significa y trajeron para nosotros la maleta inteligente. Esta maleta es excelente para esos largos viajes en avión, o para cualquier experiencia de viaje.

Con un diseño audaz y sencillo, esta maleta trae consigo varias características, que harán que quieras tirar todas tus maletas y conseguir una de éstas.

Se conecta a tu celular de manera inalámbrica, y con su app te permitirá hacer un montón de asombrosas cosas: podrás controlar tu maleta desde tu celular, recibir alertas y dar seguimiento a los datos de tu viaje.

Entre las muchas cosas que se pueden hacer con esta maleta, está el poder pesarla con sólo levantarla un poco. Esto te evitará problemas en el aeropuerto y sabrás exactamente cuánto peso llevas. También puedes ponerle candado desde la app, sin necesidad de estar moviéndole a un candado. Con un compartimiento especial para tus artículos tecnológicos, que además de protegerlos te dará un rápido acceso a ellos.

Cuenta con una batería que te permite cargar tu teléfono hasta seis veces. Con la app puedes rastrearla o saber si te estás alejando mucho de ella, también tiene sensores que te avisarán si hay alguna otra de su estilo cerca de ti.

El proyecto consiguió recaudar $2'243,214 de dólares de 10940 patrocinadores, en el crowfounding de indiegogo. Consiguió financiarse en un 2730%, es decir juntaron 27.3 veces más dinero del que esperaban conseguir. Además de haber ganado el premio al producto más innovador de

Forbes 2014, la maleta cuenta con más de 10,000 unidades vendidas. Un ejemplo que muestra que siempre habrá algo por mejorar (incluso los objetos que parecen de lo más cotidiano).

"Blue Smart no es sólo una maleta. Es tu asistente de viaje", conoce más de ella en: www.indiegogo.com/projects/bluesmart

### Coolest:

¿Qué es lo que necesitas para una buena carne asada, o para un buen día de campo? Una hielera, bocinas para escuchar música, un abrelatas, utensilios, cuchillo y porta-cuchillo, llevar el celular bien cargado para poder poner música sin miedo a que se te descargue, tal vez una linterna para buscar tus bebidas dentro de la hielera... Ahora imagínate que tienes todo esto junto y además, incluye una licuadora. ¡Así es!

Coolest es un gran ejemplo de que no importa qué sea, siempre se puede hacer una mejor versión de cualquier cosa. Esta hielera tiene prácticamente todo lo necesario para un buen día de campo; la ventaja es que ya no tienes que cargarlo por separado. Además, es muy fácil de transportar.

Esta hielera incluye:

-Una licuadora que tritura hielo, con una batería de 20V recargable.

-Unas bocinas Bluetooth, que bien pueden ir guardadas o bien las puedes poner donde gustes.

-Un cargador USB para celulares y otros dispositivos.

-Luces LED en las puertas de la hielera para encontrar tus bebidas.

-Un destapador con un atrapador magnético

-4 platos, 1 cuchillo, un lugar donde poner el cuchillo y una tabla para cortar.

-Ruedas resistentes y todo terreno.

Ahora si la idea te parece muy simple y no crees que esa clase de cosas consigan financiamiento, o que en realidad alguien las compre, te sorprenderá saber que en Kickstarter recaudó $13'285,266 millones de dólares de 62,642 patrocinadores. La dichosa hielera cuesta $499 (USD) en Amazon Launchpad, así es está en Amazon Launchpad y figura entre los productos más vendidos.

Conoce a fondo a esta hielera "cool" en www.amazonlaunchpad.com/Coolest-Cooler

# Modelos y Teorías de innovación

### Los 3 grandes líderes del momento

Muchos de los grandes personajes que nos piden les sigamos la pista, o que seamos más como ellos, o que aprendamos de ellos, etc. etc... están muertos o bien ya pasaron a la historia.

Por ejemplo, Winston Churchill, Mahatma Gandhi, Steve Jobs, entre otros. Y no es que esté mal aprender de ellos, pero tampoco está mal querer aprender de aquellos grandes personajes que están haciendo la historia en este momento.

Personajes que rompieron de una u otra manera esquemas y paradigmas, y aunque no sean tan populares ya tienen un lugar asegurado en los anales de la historia.

Así que en esta sección hablaremos de 5 líderes que están cambiando al mundo:

### Malala Yousafzai

Esta jovencita nos inspira a examinar las expectativas que tenemos de nosotros mismos. Muchas veces somos testigos de injusticias en nuestra sociedad, pero ¿somos capaces de denunciarlas?, y ¿nos pronunciamos en contra de esas injusticias y hacemos algo para que se solucionen? Si hubiera hombres armados persiguiéndonos, ¿seguiríamos hablando?

*Malala Yousafzai* fue alentada a escribir un blog sobre su experiencia en la escuela, debido a que es muy inusual que una mujer vaya a la escuela en Paquistán. Pero fue perseguida por los talibanes y tuvo que exiliarse en Gran Bretaña.

Es la ganadora más joven del Premio Nobel y su biografía: "I am Malala" (Yo soy Malala) se ha convertido en best-seller a nivel mundial. Esta valiente joven espera que su libro llegue a todas las aulas del mundo, en especial aquellas en donde se restringe el paso a las mujeres.

Además ella espera postularse, en un futuro no muy lejano, a algún cargo público. Hay muchos videos de ella en la red, pero te recomendamos éste ya que es corto y va directo al grano: www.youtube.com/Malala

### Ted Sarandos

Netflix reescribió el reglamento, y el sorprendente creador de las nuevas reglas es Ted Sarandos, su director de Contenidos, quien está actualmente a cargo de producir una gran cantidad de programas asombrosos. Todo el mundo del espectáculo, especialmente rivales como: HBO, Amazon.com y las televisoras están estudiando los pasos de este ejecutivo.

Después de desertar de la universidad comunitaria de Phoenix, inició trabajando en una tienda de videos. Pasando por todos los escalones, llegó al tope al dirigir una compañía que vendía videos a Blockbuster.

Fue ya estando en esa posición, que atrajo la atención del director ejecutivo de Netflix, Reed Hastings. Desde que Sarandos entró a Netflix en el año 2000, la firma creció de ser una compañía que mandaba DVDs a 1 millón de clientes a un coloso que envía en línea un flujo de contenido de 1,000 millones de horas cada mes a 38 millones de usuarios en 40 países.

Su ingenio se demostró cuando comprometió 100 millones de dólares a la primera producción interna de Netflix. Y fue comprobación de su ingenio porque antes de comprometer esa cantidad de dinero estudió información fidedigna de la recolección de datos de los hábitos de sus usuarios.

No tenemos que dejarte el link de Netflix, porque muy seguramente estás familiarizado con él.

*Jack Ma*

En dos minutos, en los que tú puede que estés haciendo nada, Alibaba.com bien pudo haber procesado 2 millones de transacciones.

Alibaba, un mercado chino en línea que está barriendo todo a su paso, es creación de Jack Ma. La empresa ya vale más de 30,000 mdd y ha convertido a Jack Ma en el hombre más rico en China. Es una especie de combinación entre Amazon y eBay.

Y Jack Ma ha encontrado una manera de desarrollar el centro comercial más grande del mundo para los clientes que puedan tener un poco más que una necesidad y un teléfono celular.

El secreto de Ma, para alcanzar el poder, no fue por medio de sus habilidades técnicas, más bien por su elocuencia para convencer.

Jack Ma comenzó ofreciendo visitas guiadas gratuitas a los extranjeros para aprender inglés. Finalmente se convirtió en maestro de inglés. Cuando Jack Ma presenció el internet por primera vez a la edad de 33 años, se quería unir a la conversación.

Creó Alibaba, primero como una compañía business to business. Él convenció a Goldman Sachs, Yahoo y SoftBank Japón para que hicieran una gran inversión y esto le permitiera expandirse.

Después de esfuerzo y convencimiento, consiguió fundar su sitio, que ya es competencia del mismísimo Amazon. Conoce su sitio para México en www.alibaba.com

A lo mejor después de esta presentación te preguntarás ¿para qué quiero conocer de ellos? Y ¿qué tienen que ver ellos con la innovación? La respuesta es sencilla: un líder es aquel al que la gente decide seguir. Un líder es un ejemplo y en especial, un líder tiene la fuerza y decisión de hacer un cambio.

No estamos diciendo que dejes tu emprendimiento para hacer un movimiento en pro de algo, lo que queremos es que veas que la inspiración y el liderazgo se encuentra en cualquiera.

# CAPÍTULO VIII
## Júntate con Conejos

*"Lo consiguieron porque no sabían que era imposible"*

*– Anónimo*

## Los Conejos corren más rápido. ¡Punto!

Con "Conejos", nos referimos a aquellas personas que, si te juntas con ellas, te llevarán más rápido hacia tu destino. Y también a aquellas organizaciones, y también a aquellas instituciones, y también a aquellos grupos e inclusive, a aquellas habilidades.

Cuando decimos "Júntate con conejos" es porque los conejos *corren más rápido*. Los conejos son mucho muy ágiles; parecen tranquilos (a simple vista), pero ya cuando los ves corriendo, ¡corren rapidísísimo! Y eso es lo que buscamos que tú tengas: que corras bastante rápido. Obviamente, con la calidad, con la conciencia, con la estructura; con todo lo que venga a tu mente pero que seas muy rápido. Las personas, como beneficiarios de tu innovación, necesitamos de tu innovación de inmediato. No queremos que sea "después"; queremos que sea lo más rápido posible. Si tu innovación va a salvar vidas, pues ¡¿para qué seguir sacrificándolas?! (¿me sigues?)

Por eso es importante que tú te juntes con conejos: porque la Innovación debe ser algo ágil.

## No te juntes con "Caracoles"

Me gusta comentar que *no tengo nada en contra de los caracoles*; los caracoles se me hacen criaturas bastante curiosas. Sin embargo, los caracoles… ¡son lentos! Y hay organizaciones que son "conejos", y hay organizaciones que son "caracoles". Y estoy seguro que puedes identificar organizaciones que "son caracoles", o inclusive puedes identificar a varias "personas caracoles". Inclusive ahorita podrías estar pensando *"¡caray! ¡parece que yo soy un caracol en la vida diaria!"*

¿Cuál es la diferencia? ¡Pues todas!

La Velocidad, por decir algo: la de un caracol es ¡lentisisísima! Y de todas manera está trabajando, mantiene actividad, y se mueve, y respira, y come... y todo. Sin embargo, los caracoles son ¡muy lentos! Nosotros lo que no queremos es tener empresas, instituciones, o personas que sean caracoles. ¡Queremos tener conejos!

Y tienes que aprender lo que sea necesario, y cambiar en ti los paradigmas que sean necesarios a fin de que en verdad te conviertas en un conejo. Al convertirte en conejo, estarás esbelto, serás rápido, serás ágil... y tu Innovación dará muchísimos más frutos más rápido.

## Los Conejos tienen los pies en la tierra

Una cuestión importante que todo mundo alguna vez ha comentado, dicho o al menos ha pensado, es que luego los innovadores "parece" que viven en el cielo. Viven en el futuro. Viven en las estrellas. Viven en los sueños. O que no aterrizan... ¡que no tienen los pies en la tierra!

Te voy a comentar que de los conejos que estamos hablando aquí son los conejos "normales". Y los conejos normales tienen los pies en la tierra, y gracias a que tienen los pies en la tierra es que se pueden impulsar muy rápido; si tuvieran sus patitas en el aire, pues simplemente no podrían impulsarse de ninguna manera.

Así que cuando estamos hablando de que te juntes con conejos, estamos hablando en términos "reales", en términos de que sepas que al juntarte con conejos tendrás los pies en la tierra, podrás ser realista, y deberás serlo, además, para que no seas un conejo de sueños, sino para que seas un conejo REAL.

## Brinca los obstáculos

Cuando veo a los conejos, yo veo de pronto a una criatura muy tierna, inofensiva, comelona, que a simple vista parece que se mueve bastante lento; a lo mejor algunos hasta se ven "gorditos"… Sin embargo, son bastante ágiles. Y algo que me encanta ver de ellos en la Naturaleza es la agilidad que tienen para burlar o superar los obstáculos.

Así mismo debes de ser tú. Debes ser consciente, como innovador, de que se te presentarán muchos obstáculos, y que habrá muchos obstáculos que quizá no tengas la menor idea de cómo responder a ellos o darles una solución ni siquiera lo suficientemente clara. ¡Y aquí es donde te debes de convertir en conejo! No debes de limitarte, no debes detenerte por el problema. ¡Debes de brincarlo! Yo he visto conejos que brincan increíbles alturas, precisamente por el impulso que tienen, y porque pues… ¡ellos van para adelante!

Así Tú mismo: mi recomendación es que no te detengas tanto en los problemas. No dejes que te "frikiéen", que te paralicen los problemas. Debes verlos frente a frente, medirlos, y brincarlos.

¡Pero brincarlos tan rápido como te sea posible!

## Los Conejos se reproducen

Si alguna vez has tenido contacto con "conejos", pues habrás visto que estos se reproducen increíblemente. De pronto, ¡tienes muchísimos conejos! Y bueno, aquí lo que nosotros buscamos es que también te parezcas a eso pero en este sentido estricto: en que seas capaz de reproducirte, *de que seas capaz de reproducir tus conocimientos, tus habilidades, tus experiencias en otras personas tan rápido como sea posible.*

Si lo haces, lo que estás logrando es que otras personas comprendan tu forma de trabajar, tu forma de ver el mundo, tu forma de atender los problemas y resolverlos, tu forma creativa de pensar. Y entonces, ese equipo se fortalecerá, y se convertirá en un "Equipo de conejos".

Si tú no te reproduces en otros, o como coloquialmente dicen, "te clonas" en otras personas, pues simplemente tú serás el único bueno para eso (y quizás quieras tu medalla, ¡y aquí está la tienes!). El problema es que seguirás siendo nada más tú. Y alguien, en un nivel superior, no quiere personas solitarias, quiere Equipos de trabajo que sean sólidos, que sean fuertes, que sean ágiles, que puedan generar rápidamente innovaciones, económicamente viables, atractivas para el mercado.

Y si no te reproduces, te aseguro que no serás tan atractivo. Y aparte serás lento. Entonces te convertirás más bien en CARACOL...

# Emprendimiento e Innovación

### Jack Dorsey:

A sus 39 años, goza de una fortuna de $1.25 mil millones de dólares, ocupando el lugar número 11 de los estadounidenses más ricos por debajo de los 40's, según Forbes 2015.

Nacido en St. Louis, Missouri, el 19 de noviembre de 1976, se interesó por la Programación y Desarrollo de páginas web en la preparatoria, pero abandonó sus estudios en la Universidad de New York.

Aunque su falta de título universitario no impidió que fundara la red social de los 140 caracteres: ¡Twitter! Esto ocurrió en el 2006. Desde entonces, Dorsey ha sido CEO de esta famosa red social, que constantemente está cambiando y que vive al día, hablando de las últimas noticias.

Pero no se detuvo ahí: en 2010 lanzó Square, empresa que tuvo mucho éxito y que es una plataforma de pagos en línea.

Hablemos del éxito de sus empresas:

Twitter es una red social estilo micro-blog; es decir, que permite el tráfico rápido y directo de información. Se permite colocar sólo 140 caracteres con lo que transmitir la información es similar a enviar un telegrama: rápido y breve. Fue de las primeras redes sociales en usar los *hashtags* para concentrar sucesos o información de manera más eficaz.

Desde su creación, no ha parado de actualizarse. Siempre cambia o agrega nuevas cosas, con el fin de mejorar el servicio. Es uno de los competidores más fuertes de Facebook, en cuanto al aspecto de red social. Está valuada en: $32.9 mil millones de dólares.

Por el otro lado tenemos a Square, la segunda empresa de la que Dorsey es CEO. Lanzada como start-up en el 2010, Square es una app que permite hacer transacciones bancarias con alta seguridad y de fácil uso.

Si bien, desde el inicio tuvo buena aceptación, no tuvo gran crecimiento hasta los dos últimos años (2014 y 2015). Del 2013 al 2014 la empresa creció 54% y del 2014 al 2015 consiguió otro 51%, que en términos claros es muchísimo crecimiento para una empresa. ¡Ni los países crecen tanto! Actualmente se tiene valuada en $275 millones, nada mal para una start-up que llega tarde a la batalla de las transacciones bancarias.

Si quieres leer la biografía completa de Jack visita: www.biography.com/jack-dorsey o si quieres ver el perfil de Twitter ingresa a: www.forbes.com/twitter/


**Duolingo:**

Imagina que puedes aprender Inglés, Francés, Alemán, Portugués, Catalán y próximamente Esperanto GRATIS y desde la comodidad de tu hogar, o bien con tener algún dispositivo que se pueda conectar a internet.

Pues gracias al invento del guatemalteco Luis von Ahn es posible.

Él trajo al mundo Duolingo, una app que nos permite aprender otro idioma completamente gratis. Es una app que se progresa gracias al trabajo cooperativo y voluntario de la sociedad, y actualmente ya cuenta con más de 23 idiomas en los que se imparten cursos.

También fue él quien inventó el sistema CAPTCHA y reCAPTCHA, sí el mismo que aparece en las páginas para confirmar que "no eres un robot", pero estas empresas fueron vendidas a Google por unos millones de dólares (nada más).

Duolingo en su primera ronda de recaudación de fondos, ya como start-up, consiguió juntar 15 millones de dólares.

En palabras de Luis de por qué Duolingo y por qué idiomas, él nos dice: "Esta empresa surgió porque así lo sugirieron las circunstancias.

Acababa de vender mi segunda compañía y me di cuenta que quería hacer un proyecto que implicara una aportación social. Aprender idiomas es difícil y costoso, tanto para los inmigrantes en Estados Unidos como para los latinos en sus países que encuentran en un segundo idioma una posibilidad de tener una vida mejor, así que decidí que era ahí donde quería hacer algo al respecto".

Esto requiere de mucho respeto y valor.

Pero la empresa es muy próspera y de hecho ha recaudado 88 millones de dólares, dinero que le va bastante bien ya que, según Luis, la empresa sólo necesita 9 millones de dólares al año para trabajar adecuadamente. Entonces hay mucho dinero para invertir y seguir creciendo.

Si quieres conocer la app te invitamos a que la descubras, es un muy buen proyecto social y además no estaría mal que aprendieras otro idioma (no importa cuántos hables ya), ingresa a: www.duolingo.com

También te compartimos esta entrevista con Luis: www.forbes.com.mx/Luis-von-Ahn

### Pivotal Living Smart Scale:

Te presentaremos una idea increíble; esto de la era de la conectividad está llegando a niveles que antes sólo soñábamos, por ejemplo, los ya famosos doctores virtuales que antes sólo los podíamos ver en películas de ciencia ficción.

En esta sección hablaremos de un semi-nutriólogo en la comodidad de tu hogar. Pivotal Living tiene app para que te motives a bajar esos kilitos que tienes de más. La corporación fue fundada por Eli Almo y David Donovick, con el objetivo y la creencia de que la tecnología no sólo puede hacer la vida mejor, sino más saludable.

Pivotal Corporation ha sido impulsada con ciencia e investigación, y ha desarrollado una familia de softwares que impulsan y motivan a la salud física, a través del cuidado personal.

Y ahora ha lanzado su báscula inteligente, que es capaz de no sólo pesarte sino también te dice porcentaje de grase, tu índice de masa corporal (IMC) y tu tasa metabólica basal (TMB), parámetros que son útiles para conocer más a fondo tu estado de salud y cómo es que está funcionando tu cuerpo.

Esta báscula se conecta a tu Smartphone con tecnología Bluetooth, tiene memoria y capacidad para reconocer hasta 16 usuarios de manera rápida. También te dan acceso a su base de datos para que puedas entender los datos que te da esta ingeniosa báscula.

¿El precio? Pivotal Corporation quieren ser líderes en el mercado de la venta de productos tecnológicos que motiven a la salud, y es por eso que en comparación a muchos otros artículos "Smart", la báscula de Pivotal no es tan cara, sólo cuesta $39.99 dólares (en Amazon Launchpad).

Y hablando de Amazon Launchpad, es uno de los productos más vendidos y mejor calificados en esta página. De igual modo aquí te dejamos el link para que veas el video de cómo funciona: www.amazon.com/Pivotal o su página en www.pivotalliving.com

## DeepMind:

Fundada en el 2011 por Demis Hassabis, Shane Legg y Mustafá Syletman. DeepMind es una compañía británica de inteligencia artificial. Desde que se conocieron en la Unidad Computacional de Neurociencia en la Universidad de Londres, decidieron crear una start-up con el fin de desarrollar tecnologías de inteligencia artificial.

Desde el inicio tuvo mucha aceptación así como muchos fondos para trabajar: Horizon Ventures y Founders Fund (aceleradoras de start-ups) fueron sus mayores inversores, pero lo sorprendente es que su trabajo llamó la atención de grandes emprendedores, quienes contribuyeron a fondear la empresa, como Scott Banister (fundador de Iron Port) y Elon Musk (CEO de Tesla Motors). También de sus primeros inversionistas y asesor empresarial contaron con la ayuda de Jaan Tallinn (experto programador que desarrollo de Skype).

La empresa se encarga del desarrollo y mejoras a máquinas, para que tengan un sistema de aprendizaje similar que al del ser humano. Para lograr esto, crean poderosos algoritmos, que se pueden aplicar en la mejora de diversas ramas.

Y como siempre, detrás de una gran y prometedora idea, hay un tiburón dispuesto a cazarla. DeepMind no fue la excepción: desde el 2013 Facebook intentó y fracasó al tratar de comprarla. Pero fue en enero del 2014, cuando Google anunció que ya tenía acuerdo para comprar a la start-up.

La adquisición de DeepMind por Google varía de entre (no hay datos exactos) los $400 hasta los $600 millones de dólares. Tampoco se sabe de dónde Google sacó la información para hacer esa valoración, lo que quiere decir que bien pudo haber gastado más de lo que en realidad costaba la joven start-up de apenas 3 años.

Es increíble, como una buena start-up por pequeña que sea, puede atraer el ojo de un gigante del tamaño de Google. Te invitamos a su sitio web en: www.deepmind.com/

## La patente más lucrativa del 2014:

Como sabemos, uno de los grandes campos para innovar (OJO: no el único), es en el ámbito tecnológico, y en específico la robótica y la Inteligencia Artificial.

De hecho, las patentes enfocadas a estos dos rubros, tienden a ser muy codiciadas por las grandes empresas tecnológicas debido a su alto impacto y que se pueden aplicar a muchas cosas.

Muchos de los desarrolladores tecnológicos han creado sistemas para robots o hasta los mismos robots, y los hay de todo tipo: para lavar pisos, podar el césped o entregar comida.

En esta era hemos podido dar cuenta de que no hay trabajo que no se pueda automatizar usando robótica. También hemos visto cómo la robótica ha inspirado grandes esperanzas y sueños, así como miedos, en todo el orbe, debido a nuestra falta de seguridad de en qué se puede convertir o a qué puede derivar la robótica en un futuro no muy lejano.

Los robots humanoides son, de hecho, los principales causantes de sueños y temores, y este 2014 una patente de este género ocupa el lugar número 1 de ser la más lucrativa.

Los robots humanoides aun no consiguen un lugar en el mercado debido a su poca utilidad. Sin embargo muchos siguen desarrollando gran cantidad de sistemas para mejorarlos, por ejemplo Honda que es pionera en este tema. O Samsung, que en los últimos años ha invertido grandes cantidades de dinero en investigación y desarrollo en robótica. Y fue esta misma empresa la que compró una patente en este rubro, gastando una cuantiosa cantidad.

La patente en sí es muy ingeniosa, permite un alto nivel de seguridad en el manejo de robots humanoides. El sistema patentado previene de caídas al robot, usando un sistema que permite girar articulaciones del robot para cambiar su eje de gravedad y evitar así que éste se caiga, evitando así choques e impactos que puedan dañar al robot.

Si quieres saber del top 10 de las patentes más lucrativas del 2014, te invitamos a: www.ipwatchdog.com/patents-2014

**YouTube:**

Esta red social no requiere de presentación: toda persona que al menos sepa usar el buscador Google Chrome está familiarizado con YouTube. Y es que desde el 2006 la red social de los videos, que genera millones de visitas al día, fue adquirida por Google. Pero veamos qué hay detrás de su historia y algunos datos curiosos que tiene guardados.

Fue a inicios de 2005 cuando tres ex-empleados de la gran empresa internauta PayPal, Chad Hurley, Steve Chen y Jawed Karim, decidieron iniciar algo por su cuenta. Y decidieron solucionar el problema del envío y recepción de videos.

Tan sólo un año después de su creación, Google decide comprarla por $1.65 mil millones de dólares. Esto es suficiente dinero para comprar un 5 Airbus A380, uno de los aviones comerciales más grandes del mundo.

El éxito sin duda fue la versatilidad que tiene la página para subir videos, compartirlos, guardarlos, reproducirlos y sobre todo hacerlos virales.

Eso de hacer los videos virales, les ha valido el éxito a muchas personas y personajes de la farándula, por ejemplo el mismo Justin Bieber.

En el 2015 se encontró en el lugar número tres del ranking Alexa, este ranking ordena las veces que una página es buscada en internet. Y se encuentra sólo debajo de Google y Facebook.

También el uso de comerciales forzosos antes de ver un video, le genera una tremenda cantidad de dinero a la página. Sin contar los comerciales que rondan por ahí mismo.

Este sitio web es parte ya de la cultura, y tiene demasiados datos curiosos que te dejaran con el ojo cuadrado. Si quieres conocer algunos de ellos te dejamos el siguiente link: www.soyentrepreneur.com/datos-curiosos-de-youtube

# Modelos y Teorías de innovación

### Aprendizaje acelerado

Como hemos visto hay mucho campo en el que se puede innovar y de muchas áreas; entonces es natural darse cuenta que se requiere un cierto conocimiento, a veces mínimo y otras veces muy especializado, para poder llevar a cabo grandes ideas.

Uno de los factores que más afectan en que exista un cambio del método para aprender, es la globalización, que permite conectarnos a cualquier lugar del mundo en cuestión de segundos y nos permite ver y aprender sobre una infinidad de temas.

El Aprendizaje Acelerado es un sencillo método que permite multiplicar por 10 nuestra potencialidad de aprendizaje y de memorización, utilizando de forma coordinada los hemisferios cerebrales derecho e izquierdo. Se trata de un aprendizaje multisensorial, a través de todos los sentidos y que abarca varias de las inteligencias que poseemos, como por ejemplo la inteligencia emocional.

El aprendizaje acelerado consiste en aprender a aprender, en saber cómo funciona el proceso de aprendizaje de cada persona y en darle las herramientas adecuadas para que las pueda utilizar de forma natural.

Combinando ritmos, frecuencias, tonos y el lenguaje corporal, se permite al cerebro hacer una síntesis entre los dos hemisferios. Todos tenemos la capacidad de aprender todo lo que nos propongamos, sólo hace falta saber cómo hacerlo.

Algunas estrategias usadas en aprendizaje acelerado son:

° Ejercicios Respiratorios y Respiración Sincronizada.

° Técnicas de Relajación Mental.

° Mapas Mentales.

° Estimulación Multisensorial.

° Multilateralidad Hemisférica.

° Múltiples Inteligencias.

° Técnicas de Memorización.

° Sugestiones Positivas.

° Aprendizaje Metafórico.

° Pensamiento Visual.

° Creación de Confianza.

° Emociones de Expansión.

° Reto al Conocimiento.

Uno de los aspectos más importantes del aprendizaje acelerado, es que maneja la teoría de que el proceso de enseñanza-aprendizaje puede ser divertido.

Además la práctica del aprendizaje acelerado, provoca en el estudiante un cambio importante de actitud, que hace que el paradigma del "tener que estudiar" cambie al del "placer de aprender".

El aprendizaje acelerado es el camino a seguir para cubrir las necesidades educativas que están surgiendo, para potencializar el desarrollo y educación de las generaciones actuales.

Es una de las grandes ventajas de este método y que de hecho muchos emprendedores han sabido aplicar satisfactoriamente. Lo vemos en todos los casos de éxito de personajes que no necesitaron de un título universitario para crear, diseñar o mejorar algo. Pero que no tengan un título no quiere decir que no sepan nada, que no estudien, que no aprendan día con día; por el contrario, son mentes disciplinadas y abiertas.

Así que si te lo propones, lo puedes conseguir, pero requieres de esfuerzo constante y de nunca dejar de aprender.

# Modelos y Teorías de innovación

Cómo implementar una idea

Puede que ya tengas la idea, que hayas invertido tiempo e incluso recursos en idearla, planearla y tal vez ya tienes el plan de negocios y hasta el prototipo. Pero algo que suele pasar mucho en las empresas y que no queremos que te pase a ti, es ese punto entre la identificación de la idea prometedora y su implementación, en el que la idea muere o más bien se le mata.

La idea jamás sale al mercado y se quedó simplemente en papel, en un prototipo y en un gasto que a esa altura fue inútil. Y es que existen varios motivos por los que se matan a las ideas creativas, pero la mayoría tiene que ver con el riesgo.

Se percibe la implementación de una nueva idea como algo riesgoso, y la gente de la empresa no desea en realidad correr riesgos. Por ese motivo, directa o indirectamente, se mata la idea antes de ponerla a prueba.

Aquí presentamos un conveniente análisis, que te ayudará a no restringir ni evitar la implementación de esa idea:

### La idea

Es muy importante que desde el inicio tengas la idea bien definida, que la puedas describir a detalle y sepas qué es y qué no es. También es importante que la visualices en el mercado y que estés abierto a hacerle alguna modificación, si es que lo requiere.

### Beneficios y riesgos

El siguiente paso es hacer un simple análisis beneficio *versus* riesgo.

Esto puede sonar complicado pero es cuestión simplemente de hacer una tabla con una columna llamada "beneficios" y otra denominada "riesgos". Luego se va listando los beneficios y los riesgos en la columna apropiada. Si los riesgos son más que los beneficios es necesario re-pensar la idea y concentrase en lograr más beneficios.

### Obstáculos

Un obstáculo es algo que puede detener, dañar o destruir la implementación antes de que la misma esté completa.

Los obstáculos previos a la implementación pueden ser conseguir alguna aprobación, falta de presupuesto o gerentes adversos a correr riesgos. Esas cosas pueden matar una idea creativa en esta etapa de la implementación.

Para evitar que esto suceda, haz una lista todos los obstáculos posibles ("piense ahora", que después es más difícil solucionarlo) y cómo los piensas superar. Estar preparado para enfrentar los obstáculos no sólo hace más fácil superarlos, sino que también te fortalece mentalmente en caso de que surja alguno que no contemplaste (que suele suceder).

### El factor humano

Es conveniente tener una lista de las personas (y de las organizaciones y grupos) que deben estar involucradas en la implementación. Puede que sean compañeros o conocidos que compren la idea y hagan más sencillo vendérsela a altos mandos, o bien podrían ser los diseñadores que construirán el prototipo para demostrar su idea.

En esta lista también es bueno incluir gente (organizaciones o grupos) que creamos pueden aportar algo positivo a la idea, o que puedan ayudar a potencializarla y colocarla rápidamente en el mercado.

### Capital y flujo de fondos

Trata de hacer un presupuesto lo más real posible, del costo de implementar la idea y la ganancia probable. Para las ideas comerciales es bueno preparar una planilla de flujo de fondos (cash-flow) con los costos y los ingresos a través del tiempo.

Tu cash-flow, si fue hecho de manera honesta y real, puede ayudarte a visualizar qué tan viable y conveniente es la idea y hasta puede dar pistas de hasta qué mercado puede llegar.

**Plan de acción**

Una vez que se tengan todas las proyecciones, es necesario tener la manera en la que la idea se debe ir desarrollando a lo largo del tiempo. Aquí es importante fijar metas realistas que estemos dispuestos a cumplir.

Puede ser en forma de calendario. Lo importante es que se defina paso a paso cómo se espera que se desenvuelva la idea, las campañas publicitarias que se harán, las entrevistas que planeas tener con personas clave, los días que se tomará sacar la versión alfa o la primera versión, el momento en que se presentará a los inversionistas o gerentes, TODO. Para que tú y tu equipo estén preparados y mentalizados de qué y cómo es lo que deben hacer para conseguir el éxito de la idea.

Es igual de importante que no te desilusiones si en algún momento las cosas no salen tal y como las planeaste. Si llega a ser el caso, lo que debes hacer es re-programarte y seguir adelante, pero recuerda siempre hacer las proyecciones de manera honesta y lo más realista posible.

# CAPÍTULO IX
## Descubre tus mitos

*"Creo honestamente que es mucho mejor fallar en algo que amas que tener éxito en algo que odias"*

*-George Burns.*

Aquí vamos a trabajar algo sumamente importante, y son las respuestas a algunas preguntas que yo te voy a plantear; respuestas que hemos venido elaborando con la experiencia que dan los años de estar al frente de empresas e instituciones que han innovado a un nivel maravilloso. Estas preguntas lo que logran es "disparar" varios conceptos e ideas a fin de que tú puedas dominar el Proceso de la Innovación.

## ¿Qué piensas de la gente exitosa?

Cuando te preguntamos qué piensas de la gente exitosa, queremos que respondas de una manera totalmente franca y profunda. No dejes que tu mente te vaya a controlar, y nada más pongas aquello que sea *bueno*, que sea *positivo*, que los demás lo vean bien.

En realidad, si tú piensas algo negativo acerca de la gente exitosa debes de ponerlo, porque tu mente es el amigo más importante en tu vida. Si tu mente piensa una cosa aunque tu cuerpo diga otra, tu mente está dominando a tu cuerpo. Eso está científicamente comprobado: tu cuerpo no domina a la mente, sino al revés. Tu mente domina tu cuerpo.

Así que si tú realmente piensas en el fondo que la gente exitosa son una basura, una porquería, seguramente son unos rateros, son unos explotadores y todo ese tipo de calificativos negativos… ¡bueno!, pues *va a ser tiempo de cambiar ese tipo de apreciaciones*, porque si no, eso es lo que va a estar dominando tu vida. Y no quieres realmente eso.

Yo te voy a decir una cosa: gracias a las personas que son exitosas, es que el mundo tiene actualmente lo que tiene. ¡Claro que de pronto hay gente exitosa que tiene sus áreas de oportunidad, como todo mundo! Pero en su gran mayoría, la gente exitosa logra no nada más que exista dinero positivo circulante, sino que además en sí ELLOS SON una actitud positiva circulante que ayuda a muchos a salir adelante y seguir sus pasos.

Así que, la pregunta es:

¿QUÉ PIENSAS DE LA GENTE EXITOSA?

## ¿Qué te está deteniendo?

Recuerda que esta Sección es quizá la más retadora porque aquí es donde tu mente estará manifestándose, diciendo y expresando lo que realmente piensa. Todas las personas, independientemente de su raza, sexo, procedencia o antecedentes, lleva en la mente algo que lo detiene.

Por ejemplo, alguna vez a mí me dio pena hacer videos porque mi mente decía que yo era tonto para aparecer en ellos. Y también le pasó a Ana. Sin embargo los dos nos dimos cuenta que no éramos nada de eso. Era que eso estaba en la mente y que a la gente le gustaba muchísimo cómo hacíamos los videos, y ahora tenemos miles de suscriptores en nuestro canal de YouTube denominado Ignius TV y Big River TV, que se benefician a diario de todos los videos que tenemos ahí para ellos.

Así que la pregunta es, ¿qué te está deteniendo? ¿Qué piensas que te está deteniendo física, intelectual y emocionalmente? Debes de ser capaz de identificarlo y escribirlo para poder superarlo. Si no lo haces de esta manera, simplemente quedará ahí por el resto de tu vida, y la verdad es que te estará deteniendo SIEMPRE.

Debes deshacerte de esa ancla, porque esas anclas simplemente harán que tu barco no llegue al puerto que debe de llegar. ¡Y capaz de que esa ancla es una estupidez, algo que solo tú ves y los demás no! Yo te aseguro que si la identificas, podrás romper esa ancla y lograr que tu barco vaya a toda velocidad a donde tiene que llegar, y puedas disfrutar toda la grandeza que tienes a tu alrededor.

Así que, la pregunta es: ¿QUÉ TE ESTÁ DETENIENDO?

## ¿Por qué crees que no has desarrollado tu máximo potencial?

Seguramente habrás conocido a alguien que te compartió que estaba pensando o recapacitando para sí mismo *¿por qué no le ha ido mejor en la vida?*, cuando a otras personas les ha ido muy bien. O sea, ¿qué es lo que está pasando..? ¿por qué a él no? ¿Por qué Dios no le dio facultades, o no le ha dado oportunidades? ¿Qué es lo que ha hecho mal?

Aquí el tema es que tú también pienses en eso. ¿Qué crees que ha pasado en tu momento? Pero no de una manera parasitaria, en la que culpas a todo mundo y a las circunstancias. Eso es lo más fácil, y cualquiera puede hacerlo. Es decir, es muchísimo más fácil echarle la culpa a todo mundo menos a ti, ¿verdad? ¡Claro! Ese mecanismo lo conocemos de hace años. Sin embargo, aquí tenemos que romper con ese mecanismo.

Tienes que identificar por qué crees que no te ha ido mejor: ¿crees que te han faltado estudios? ¿Crees que te han limitado tus padres alguna vez? ¿Crees que estás enojado con la vida? ¿Crees que has sido vulnerable? ¿Crees que a lo mejor tienes menos masa cerebral que la gran mayoría de las personas? (lo cual, la verdad ¡es una estupidez!)

En realidad, contesta la pregunta ampliamente:

¿POR QUÉ CREES QUE NO TE HA IDO MEJOR?

## ¿Por qué crees que a otros les va mejor que a ti?

Bueno, y aquí encontramos el lado opuesto de la moneda. Normalmente es más fácil ver esta, la anterior, puesto que aquí tú vas a ver ¡bueno!, *¿y por qué a los demás les va mejor que a ti?*

¿Porque tuvieron mejores padres? ¿O porque ellos tienen coche? ¿O porque ellos se han podido preparar en una universidad Privada? ¿O porque ellos pueden escribir con una pluma Mont Blanc? ¿O porque ellos tienen muchísima Suerte y todo se lo encuentran? ¿O lo logran porque están guapos? ¡Claro que en las afirmaciones que te estoy dando hay unas que relativamente son reales y otras que SON UN MONTÓN DE TARUGADAS!

Pero lo más importante es tu propio punto de vista: si tú identificas de una manera real las cosas en las que posiblemente a los otros les ha ido mejor, tú serás capaz de mimetizarlas o de reproducirlas, o de copiarlas, o de hacerlas también.

El Éxito es una cuestión de seguimiento. Y lo digo porque tú debes darle seguimiento a las cosas que los demás ya han probado que le son exitosas. Y la verdad es que a los demás, el prepararse les es exitoso pero no necesitan ir a una universidad, pueden prepararse viendo videos o leyendo libros, como este que tú estás leyendo.

Lo más importante aquí es aprender de los demás, al responder la pregunta

¿POR QUÉ CREES QUE A LOS DEMÁS LES VA MEJOR QUE A TÍ?

## ¿Qué creencias negativas de tu familia piensas que te pueden estar estorbando o deteniendo?

Esta pregunta es… ¡WOW!, de las más relevantes que tienes que identificar. Tómate tu tiempo, vete a tu lugar favorito a pensar, porque muchos, nada más con el tema de señalar a la familia, entonces bloquean la pregunta y no siguen adelante, lo cual no es nada positivo.

El tema es que es cierto: muchas veces nosotros somos como una esponja que vamos absorbiendo todo por la vida. El problema es que así como absorbemos cosas positivas, también absorbemos cosas negativas. Y al absorber cosas negativas quizá estoy aprendiendo de mis padres, que son unos gruñones y que se quejan de todo; entonces para mí ya resultó normal el ser gruñón y el quejarme de todo. ¿Por qué? Porque provengo de una familia de gruñones que se queja de todo.

Y cuando voy a otra casa, de un amiguito o una amiguita donde sus padres son positivos y ven la vida de color de rosa, bueno pues digo: ¡estos están locos!, ¿no? Y el problema es que los locos somos nosotros... o es tu Familia.

O si por algo tu papá fue una persona complaciente, que no dio más, que fue conformista, y eso lo llevó a ser despedido de un trabajo, y de otro y de otro, pues seguramente va a salir diciendo *"¡noo... los patrones son unos desgraciados! ... ¡malditos! ... ¡explotadores! ..."* fuera de juicio, bla, bla, bla... y todo eso, ¿no? ¡Cuando en realidad no lo son!

En realidad él provocó que lo trataran de esa manera. Él se lo buscó, y entonces lo está reproduciendo y tú desde chiquito fuiste creciendo conque *¡los patrones son unos malditos!* Y entonces ahora tú piensas lo mismo, y pues te va a estar pasando lo mismo y te van a estar despidiendo de todos lados.

El tema es que tienes que identificarlo, porque finalmente tu vida, entiéndelo bien, **ES TU VIDA** nada más, y no tienes por qué arrastrar las proyecciones, traumas, o paradigmas de tu Familia, ni tampoco de tu vida propia o de lo que te ha pasado en otros lados.

Simplemente, el Presente es el presente, y no porque el Pasado haya sido de una manera tu Futuro va a ser igual.

Así que la pregunta es

¿QUÉ CREENCIAS NEGATIVAS DE TU FAMILA PIENSAS
QUE TE PUEDEN ESTORBAR O ESTAR DETENIENDO?

## ¿Qué vas a hacer de inmediato para cambiar?

Y bueno, ya que interiorizaste un poco respecto a las preguntas que te planteamos anteriormente, entonces la pregunta del millón es… ¿QUÉ VAS A HACER DE INMEDIATO PARA CAMBIAR?

Porque si no haces nada… nada más lo identificas… pues simplemente va a estar ahí. *¡Qué bueno que lo identificaste..! ¡qué bárbaro! ¡Aquí tengo tu medalla!* … pero el problema es que no vas a cambiar NADA. Y si no cambias nada, las cosas a tu alrededor NO CAMBIAN. Acuérdate que Tú tienes que ser el Cambio de lo que tú quieres ver.

Y tienes que hacerlo bien, y tienes que hacerlo ágil. Yo te aseguro que las personas que son prácticas y flexibles para cambiar ¡tienen el Mundo en sus manos! Y nosotros queremos que todos los innovadores (en realidad TODAS las personas) puedan ser capaces de identificar esas "anclas" que muchas veces no se ven y poder romperlas, para que puedan llegar al puerto que tienen que llegar, y que sean exitosas, y tengan una vida ¡MARAVILLOSA!

Así que la pregunta es

¿QUÉ VAS A HACER DE INMEDIATO PARA
CAMBIAR?

## Emprendimiento e Innovación

### Smart Gun Tech:

*"No creo que nuestra escuela, sea muy diferente de cualquier otra preparatoria en Estados Unidos"*

(Estudiante que presenció una masacre en su escuela)

Hemos visto los lamentables incidentes de los asesinatos que ocurren en las escuelas, sobre todo en EUA, cometidos por personas que les disparan a sus compañeros. También otro aspecto a considerar son los heridos y muertos que provocan disparos accidentales de armas de fuego.

Todo esto sin duda es una lamentable situación, pero también no cabe duda que poder solucionar el nivel de muertes y asesinatos que se comenten por armas de fuego, es una meta complicada y lograrla sería admirable.

Este es el caso de Kai Kloepfer, un chico que a la edad de 15 años tuvo una gran idea para detener el uso de armas por menores, que han sido causa de asesinatos en escuela, asesinatos accidentales o suicidios.

Kai planea construir una pistola inteligente, que se active únicamente al reconocer la huella digital de su propietario, así nadie más podrá utilizarla.

Esto propone una solución no sólo a los jóvenes que tienen acceso a las armas de sus padres, sino que también evita que los delincuentes roben armas y las usen.

Esta noble idea actualmente está recolectando fondos en Indiegogo para lanzar su prototipo y después comenzar la producción y las ventas. Pretende juntar $72 mil dólares para producir y diseñar su primer prototipo, y en lo que va de la recaudación (27 días) ya ha juntado más de $8 mil dólares, es decir la novena parte de lo que pretende juntar.

Esta clase de ideas, merecen de un fuerte apoyo porque no sólo son ideas creativas, sino que también son ideas nobles, ideas que buscan y ven por el bienestar de la sociedad.

Te dejamos el link del sitio donde se está haciendo la recaudación y donde vienen más datos acerca del proyecto, así como sorprendentes estadísticas del uso de armas de fuego: www.indiegogo.com/smart-gun-tech

**Etsy:**

El *sharing economy* es algo que sin duda está ganando terreno en los mercados de hoy en día, además de ser muy versátil y poderse aplicar a casi cualquier cosa. Etsy es un *e-commerce* que usa la filosofía de sharing economy, se enfoca principalmente a la venta de productos hechos a mano y cosas vintage.

En este increíble sitio, encontrarás artículos únicos y muy creativos en varias ramas, incluyendo arte y fotografía, ropa, joyería, comida, baño y productos de belleza, juguetes, productos vintage (los cuales deben de tener una antigüedad mayor a 20 años) y más.

Etsy fue fundada en junio de 2005 en un apartamento de Brooklyn, Nueva York, con el fin de saciar la necesidad de una comunidad en línea donde artesanos, artistas y creadores pudieran vender materiales para artesanía y artículos hechos a mano y vintage.

En esa línea artesanal, el fundador Rob Kalin y dos amigos diseñaron el primer sitio, escribieron el código, montaron los servidores y empalmaron los cables para erigir Etsy y ponerlo en funcionamiento.

Ha tenido muy buena recepción y a la fecha cuenta con 804 empleados, 36 millones de artículos a la venta, 22.6 millones de compradores activos y 1.5 millones de vendedores activos a quienes les cobra una pequeña cuota de $0.20 dólares por artículo. Haciendo cuentas, del total de artículos en existencia multiplicado por la cuota, esto da un total de $7.2 millones de dólares.

En el 2014 alcanzaron $1.93 mil millones de dólares en ventas, y actualmente tienen oficinas en Berlín, Dublín, Hudson, Londres, Melbourne, Paris, San Francisco y Toronto, además de su la oficina principal en New York.

Tanto ha sido el impacto que ha tenido, que se le ha llegado a considerar competidor de Amazon, y es que es sin duda un e-commerce que va en crecimiento exponencial, atrayendo a su mercado principalmente a jóvenes que buscan un trato justo con el vendedor.

Si quieres conocer más acerca de su historia o de los productos que venden, ingresa a: www.etsy.com

### Y Combinator:

Es una aceleradora estadounidense, fundada en marzo del 2005, la cual Forbes ha mencionado que es la aceleradora comercial más exitosa del mundo y Wired la ha llamado "el más prestigioso programa para hacer brotar emprendimientos digitales".

Dos veces al año reciben start-ups a las que les dan $120 mil dólares, y 3 meses en Silicon Valley, con todo lo que se requiere, un excelente equipo de consultores y con las mejores conexiones para que despegues, a cambio de un 7% de la empresa.

Después del mejor entrenamiento y arreglar los detalles, se termina el ciclo con el Día Demo, donde las start-up presentarán su compañía a una audiencia seleccionada cuidadosamente.

Lo mejor es que no termina ahí: después del Día Demo, YC continua prestándote asesorías y seguimiento para que tu empresa llegue justo a done la quieres llevar.

Desde el 2005, han fundado más de 800 start-ups, con una comunidad de más de 1,600 fundadores. Si se juntan todas la valuaciones, su precio excede los $30 mil millones de dólares, suficiente dinero para comprar AT&T.

Si todavía no te convence esta incubadora, deberías ver a quienes han incubado. Entre los más famosos tenemos a Airbnb, 9GAG, reddit, Dropbox, Scribd., Pebble, entre muchas, muchas otras.

Así que si tu proyecto en mente está relacionado con la tecnología, deberías intentar unirte a su equipo, porque cuando una excelente idea se siembra en el terreno adecuado, los frutos que se cosechan serán demasiado grandes y dulces.

Te invitamos a que visites su página web, no pierdes nada dándote una vuelta por ahí: www.ycombinator.com ¡Ánimo!

# Modelos y Teorías de innovación

### ¿Por qué elegir una incubadora?

Vamos a analizar la idea de si se debe elegir una incubadora o no, desmentiremos algunos mitos y daremos algunos tips de cómo elegir una.

Primero, ¿qué es una incubadora de empresas? Las incubadoras son organizaciones diseñadas para acelerar el crecimiento y asegurar el éxito de proyectos emprendedores, brindan una amplia gama de recursos y servicios empresariales, estos van desde renta de espacios físicos, capacitación, capitalización, conexiones, entre otras.

Son muy útiles sobre todo para jóvenes emprendedores o emprendedores inexpertos y que tengan una muy buena idea. Estas incubadoras invertirán en ti y te darán justo lo necesario para que salgas adelante y logres el éxito buscado.

Hay muchos mitos alrededor de ellas, veamos algunos de los más comunes:

**Se robarán la idea**: A la incubadora no le interese la idea en sí, lo que ella busca es al Innovador con su idea, esto es lo que las hace grandes. Les es más barato invertir en el Innovador y su equipo que en apropiarse de tu idea.

**Su rol es sólo dar financiamiento**: Si bien sí te dan financiamiento semilla, la principal función de una incubadora es darte asesoría para que evites muchos de los problemas y obstáculos por los que pasan muchos de los emprendedores novatos.

**Se quedarán con la empresa**: Esto tampoco es parte del negocio de las incubadoras. Lo que ellas buscan es generar el ambiente propicio para que te desarrolles. Lo que sí suele suceder es que te pidan un porcentaje de la compañía pero nunca excede el 10% de ésta.

**La incubadora me proveerá equipo de trabajo**: Las incubadoras te dan asesoría y te ayudan a identificar los puntos débiles que puedas tener, pero ellos no te proporcionarán a ningún integrante ni nada por el estilo. La empresa es tuya y tú decides quién sí entra y quién no.

**La incubadora desarrollará mi idea:** Las incubadoras buscan acelerar el proceso de desarrollo previo al lanzamiento de un negocio, pero el liderazgo del mismo y el trabajo fundamental recae en el propio emprendedor.

Ahora, es muy importante elegir a la incubadora correcta. No estamos diciendo que haya incubadoras malas, pero habrá algunas que pueden ayudarte y potencializarte mucho más que otras.

Lo primero es saber qué tipo de negocio quieres incubar, es decir, la idea; esto es indispensable, ya que no todas las incubadoras tienen el mismo giro, y muchas están especializadas en unas cuantas áreas. Entonces es importante elegir a la que mejor vaya con tu idea.

Luego sigue el cómo contactarla. Puedes ir a las oficinas de economía de tu localidad, o *googlear* "incubadora..." y lo que necesites. Incluso en algunos bancos te pueden dar información al respecto.

Una vez que la tengas identificada, asegúrate que la incubadora esté certificada por la secretaría correspondiente (generalmente la de Economía) y que al menos otorgue los siguientes beneficios: desarrollo de un plan de trabajo personal-empresarial; identificar las habilidades necesarias para la penetración de mercado y venta efectiva; habilidades de comunicación y liderazgo empresarial.

Así que acércate a una de ellas, conoce lo que te ofrecen, no te quedes con la duda. Al final, si vas a preguntar no pierdes nada, y puede que termines en una buena incubadora.

Te dejamos aquí este artículo por si quieres ver sobre las mejores incubadoras tecnológicas del mundo y a quiénes han incubado: www.forbes.com/tech-incubators

# SECCIÓN TRES
## Modelo de Innovación SNAP

# CAPÍTULO X
## Paso I: SITUACIÓN

*"¡Qué maravilloso es que nadie necesite esperar ni un solo momento antes de comenzar a mejorar el mundo!".*

*—Ana Frank, niña judeo-alemana que vivió durante la Segunda Guerra Mundial.*

En esta parte vamos a comenzar el camino del Innovador SNAP, y vamos a iniciar con la primera letra que corresponde a *Situación*. Si tú ya te decidiste o tienes en la mente la idea de Innovar y quieres experimentar este camino, este paso de Situación va ayudar a ubicarte. Siempre es importante saber en dónde estamos parados, qué queremos hacer y para dónde vamos.

Esta parte es para que identifiques tu contexto, estés atento y si aún no tienes alguna idea de por dónde iniciar tu negocio empieces a ver cómo desde donde estás vas a iniciar. También puede ser que ya te encuentres encaminado o ya tengas una idea de por dónde vas a ir. Esto te va a servir muchísimo. Cualquiera que sea tu caso, este capítulo tiene la finalidad de ahorrarte tiempo.

Pues aquí entramos al Modelo. Como ya te comentamos, la lógica detrás de todo este libro y de nuestro modelo exclusivo de Innovación SNAP tiene varios pilares importantísimos. Pero uno de ellos es que si no tienes una mente preparada NO vas a lograr innovaciones exitosas. Tienes que tener una mente bien preparada. Por eso es que pasamos una muy buena cantidad de tiempo explorando tu mente, tus pensamientos, tus hábitos, para que ya que tengas un empoderamiento innovador... ¡y entonces podamos pasar a la técnica!

En mi experiencia personal, innovando y ayudando a muchas organizaciones de clase mundial a innovar, he encontrado que la mayor limitante está en la mente, y por eso es que la mente es lo primero que tenemos que romper. De ahí en adelante lo demás es técnica de la innovación, que te va a ayudar y va a resolver tu vida, y que podrás reproducirla un y otra vez, y es lo vamos a ver de aquí en adelante.

Así que, ¡ARRANCAMOS!

## La observación, la clave del éxito

La Observación lo es todo. Las personas que no observan, no son innovadoras. Las grandes innovaciones del mundo se han dado porque *alguien* ha observado ALGO, y ha estado atento; ha estado vigilante de lo que está pasando. ¡Claro..! : Edison era un observador increíble. Pero como hablamos de Edison, podemos hablar también de Tesla: Nicola Tesla, contemporáneo y rival de Edison, también era un observador increíble. Él hacía sus experimentos así: observaba lo que pasaba... modificaba... experimentaba; observaba, modificaba, experimentaba... y ese ciclo siempre estaba en continua repetición.

La Observación, como lo has leído en todos los casos de emprendimiento o innovaciones que te hemos compartido aquí, ha sido la clave de todo. Revisa cada uno de los casos que te estamos exponiendo y verás que siempre hay una persona observando. Las personas que van por el mundo simplemente "papanateando" o viviendo la vida como "zombies"... ¡pues es dificilísimo que logren ser personas innovadoras!

Por el contrario, las personas que van por el mundo viendo, observando qué pasa, cómo es que se hace, las costumbres de las personas, o escuchando qué es lo que se dice, qué es lo se comenta, qué es lo que se expresa, son aquellas que tienen un poder de innovación terriblemente mayor que todos los demás: diez o cien veces más poderoso que todos las demás.

La primer clave se llama *Situación*. Y se llama **S**ituación precisamente porque tienes que ser vigilante, estar observando, escuchando qué es lo que está pasando. Y si alguien te dice *"¡caray! ¡Cómo no se les ha ocurrido poner un monitor cardíaco en el Smartphone...!"*

bueno, pues esa persona que escuchó el comentario dice *"¡caramba...*
*pues sí es cierto! Oye, pero pues ¿cómo voy a resolver todo eso para que esté el*
*monitor cardíaco, sin una banda y sin eso y sin lo otro..? ¡ah! Quizá se pueda*
*hacer a través del mercurio que ya tiene el teléfono celular"...* ¡y demás!

¡La Observación es la clave! ¿Por qué? Pues porque todo
parte de una Situación. La pregunta es

¿CUÁL ES LA SITUACIÓN QUE SE ESTÁ VIVIENDO
Y QUÉ OBSERVAS EN ESA SITUACIÓN?

Como ya te comenté, en el caso de mi jefe, él escuchó y
OBSERVÓ que su cliente decía *"oye, es que la piel está calientísima... ¡en*
*verano no se soporta!"*, y a partir de esa escucha, de esa Observación
que él tuvo, se generaron patentes que llevaron a la empresa a
cotizarse multimillonariamente.

¡Ese es el poder de la Observación que te estoy diciendo!

## Básate en lo que te atrae

En Planeación Estratégica Total, nosotros estipulamos que
la victoria es mucho más fácil cuando la basas en tus fortalezas que
cuando la basas en tus debilidades, puesto que para convertir tus
debilidades en fortalezas debes invertir mucho tiempo, esfuerzo y
trabajo.

Por otro lado, cuando la basas en tus fortalezas, ¡pues ya las
tienes! Así que la clave en esto es: tú tienes tu Situación, sabes cuál
es la Situación y dices *"oye, yo veo que a los vasos que se utilizan en*
*Starbucks les falta algo para que no te quemes la boca cuando tomas el café*
*caliente..."y entonces te basas en lo que te atrae.* A la mejor a ti te
atrae muchísimo la Física, o te atrae la Química, o te atrae la parte de
la Mecánica. Y entonces lo que buscas es, dependiendo la parte que
más fuerte seas o más te atraiga, partir de eso para poder realizar tu
innovación: si tú quieres hacer tu innovación esperando hacerlo con

habilidades que no tienes y conocimientos que no te atraen, ¡pues simplemente va a ser un calvario!

Aquí lo que buscamos es que *disfrutes innovar*, que disfrutes la innovación al máximo. Así que la clave está en crear la Innovación, generarla a través de utilizar aquello que ya te atrae, donde ya eres fuerte, donde ya eres poderoso.

Y verás que así, tu Innovación sale mucho más rápido.

## La Competencia

Una vez que estás en **S**ituación (en **S**ituación *estamos observando qué es lo que está pasando*), es decir: digamos que yo observo la situación de que todos los audífonos son prácticamente iguales y son muy voluminosos, entonces yo me digo cuál es la situación… los audífonos son de esta manera… y lo primero que tengo que ver es a la Competencia.

Mucha gente no quiere voltear a ver a la competencia porque tiene miedo de que la competencia ya lo haya hecho, o porque su idea desde hace años es "tenerme becado", ¿verdad? Esta es una forma muy estúpida de pensar. Lo más inteligente es "oye, se me ocurre un idea" y volteo a ver a la competencia, y volteo a ver el mercado para asegurarme que lo que estoy pensando no existe ni en la competencia ni en el mercado.

Si yo logro comprobar que ni en la competencia ni en el mercado existe mi innovación… bueno, pues te digo que ¡estás frente a una verdadera Innovación! Y eso es gracias a que observé la **S**ituación. La situación nos da todo el contexto. Nos dice: *"okey… yo estoy pensando en la innovación de un pigmento, y la pregunta es ¿cuál es la Situación? ¿Ya existe el pigmento, o no existe? ¿Lo tiene alguien, o no lo tiene nadie? ¿Es algo extremadamente fuera de la realidad, o está cercanamente dentro de la realidad? ¿Tenemos el dinero para hacerlo? ¿Existe mercado para el producto innovado? ¿Hay personas que lo comprarían? ¿Hay personas deseosas de adquirir eso? ¿Mi innovación va a resolver problemas?…"*

... ¿CUÁL ES LA SITUACIÓN EN TÉRMINOS GENERALES?

# La investigación

Nosotros, en el paso de Situación, somos muy duros, y mucha gente nos ha dicho que tal vez rompemos el sueño de la persona... la ilusión del posible innovador, digamos. Y nosotros creemos que es mejor *romper la ilusión lo más rápido posible* para que el, posible innovador no viva ilusionado y al cabo de un muy buen tiempo llegue a la conclusión de que lo que quiere hacer ya existe. Mejor que lo sepa de inmediato y cuanto antes.

Así que, cuando estamos hablando de la Situación, lo cual es decir *"bueno, esto* YA *existe en el mercado, no existe, cómo está, qué tendría..."* todavía estamos mucho en el mundo de las ideas al respecto de ese concepto que yo quiero innovar, pues tendrás que hacer bastante investigación, sobre todo investigación de lo que llamamos **"arte previo"**, y el arte previo es el conocimiento comprobado de si ya existen o no existen "ciertas cosas que yo quiero innovar"...

La Situación es maravillosa porque principalmente nos habla de estar atentos, vigilantes, de estar observando, de estar escuchando. Pero de una manera amplia, atenta, profunda. Si tú te acostumbras a estar escuchando y viendo de esta manera, encontrarás muchas ideas de innovación ¡rápidamente!, porque muchas de estas ideas (y te paso este consejo, este lingote de oro) LA GENTE LAS GRITA, LA GENTE LAS HACE; pero si tú no eres capaz de observar los comportamientos, simplemente no vas a poder ver todo lo que la gente te está regalando, y no vas a lograr innovación alguna.

Así que la Investigación es profunda en ese tipo de cosas para poder entender el "arte previo" y poder decir: *"oye, esa gente... parece que le cuesta mucho trabajo ponerse la gorra para nadar..."* Lo observas, investigas al respecto y en verdad te das cuenta que a la gran mayoría le cuesta trabajo ponerse la gorra para nadar... y de pronto te encontrarás ya pasando al segundo punto, que es Novedad, creando algo diferente que facilite el colocarse la gorra para nadar sea muchísimo más fácil.

Y estarás en el proceso de la Innovación **SNAP**.

# Emprendimiento e Innovación

### X-STAT:

Hay ideas que al llevarse al mercado generan una gran plusvalía. Pero no todas las ideas tienen un valor humanitario intrínseco. A esas ideas hay que hacerles un énfasis especial, porque si bien es importante generar dinero y promover una idea, qué mejor si esa idea o servicio ayude de manera directa a otros.

Es el caso de X-STAT. X-STAT es una jeringa que contiene 92 comprimidos de esponjas de celulosa que tienen un alto poder absorbente. Fueron diseñadas por la milicia estadounidense para evitar que sus heridos de guerra murieran debido a un desangrado en el campo de batalla.

Esta práctica jeringa ha sido aprobada por la FDA (la Agencia de comida y medicamentos de EUA), para poder ser vendida en el mercado y ya no ser utilizada únicamente en campos de batalla.

Una vez "inyectadas" las esponjas dentro de la herida, éstas se expanden para llenar la cavidad. Toma aproximadamente 20 segundos, después del contacto con cualquier líquido ya sea agua, sangre etc., para que la esponja absorba su máxima capacidad y a la vez se expanda.

En una herida esto genera una barrera física para el flujo de sangre.

El número de esponjas requeridas para controlar una hemorragia depende del tamaño y profundidad de la herida, lo que la haya ocasionado y dónde se haya ocasionado. Puede haber casos en los que el paciente requiera hasta tres aplicaciones de estas inyecciones.

Estas grandiosas esponjas tienen un diámetro aproximado de 9.8 milímetros y de 4 a 5 milímetros de largo; cada una puede absorber por sí sola 3 mililitros de sangre o cualquier otro fluido. Una inyección llena con 92 de estas esponjas podría absorber hasta 300 mililitros de fluido.

Estas geniales esponjas tienen la ventaja de que en ningún momento son absorbidas por el cuerpo, pero también eso es motivo de tenerlas que retirar antes de que la herida cicatrice. Los genios detrás de estas esponjas pensaron inteligentemente al ponerles un marcador para Rayos-X, y así los médicos pueden detectar todos los residuos que puedan quedarse dentro del herido.

*"X-STAT es un insólito artefacto de rápida aplicación, proveyendo una reacción rápida para el control de una hemorragia, facilitando el transporte del herido,"* dice Christy Foreman, director de la Oficina de Evaluación de Proyectos del Centro de Proyectos y Radiología de la FDA.

Este producto traído por RevMedX, para ser muy prometedor, sin duda alcanzará un buen número de ventas y sobre todo tendrá ese valor agregado que salvará vidas en accidentes.

Fuentes:

www.fda.gov/XSTAT

www.revmedx.com/xstat

**Burbuja en el aire:**

*"Queríamos idear un producto que brindara un nivel de entretenimiento más alto para reducir el aburrimiento en los viajes largos".* (Windspeed)

Quien haya viajado en avión, sabe lo deseado que es sentarse a lado de una ventanilla (claro, mientras no se sufra de vértigo); los paisajes desde la salida hasta el aterrizaje son invaluables. Ahora imagina que puedes viajar *sobre* el avión y disfrutar en 360° estos paisajes increíbles. Y además tienes una patente para que ese lujo sea sólo tuyo o de tu compañía... suena atractivo ¿no?

Bueno, de acuerdo a su página web, fundada en 2006, Windspeed Technologies es una empresa premier de servicios aeroespaciales que ofrece una amplia gama de servicios en ingeniería. Con más de 20 años de experiencia en la industria aeroespacial, Windspeed conoce bien a su mercado. Además ofrece servicios ingenieriles de alta calidad. Y ahora ellos patentaron asientos para avión... ¡para ir fuera de la cabina de pasajeros!

Su prototipo busca dar a los pasajeros una vista de los cielos mejor que la que el mismo piloto pudiese tener, al sentarlos *SOBRE* el avión, dentro de una cubierta transparente parecida a una burbuja.

La empresa estadounidense, sabe que el diseño de Skydeck puede instalarse en varias aeronaves, que van desde jets privados hasta aviones comerciales de fuselaje ancho.

Los pasajeros llegan a sus asientos a través de un elevador o de una escalera instalada dentro de la aeronave. Una vez dentro, pueden rotar el asiento (ya sea doble o sencillo) 360 grados para disfrutar de un paisaje increíble.

*"Las ofertas actuales de entretenimiento a bordo no ha cambiado desde hace varias décadas"*, señala Windspeed. *"Queríamos idear un producto que brindara un nivel de entretenimiento más alto para reducir el aburrimiento en los viajes largos"*.

El diseño de Skydeck es viable y no interfiere con el manejo de la aeronave, ya que la cubierta está hecha de materiales como los que usan los aviones caza supersónicos–*lo suficientemente fuertes como para soportar los choques con aves y otros factores de tensión*-.

Además, la forma aerodinámica de "lágrima" ayuda a reducir el factor de fricción, evitando así que la aeronave necesite más potencia para avanzar.

Esta "lagrima" está fabricada con una película de anti condensación para impedir que se empañe y con una capa de protección contra los rayos UV para impedir que el sol queme a los pasajeros.

Esta clase de ideas revolucionan la forma en la que hacemos cosas que para algunos son cotidianas. Llevan lo común a niveles extraordinarios.

Fuentes:

www.cnnexpansion.com/tecnologia/2015

**Emotient:**

La tecnología de Emotient, Inc. Analiza las expresiones faciales para medir sentimientos como alegría, sorpresa, temor, ira, desagrado y desdén.

Emotient es el líder en detección de emociones y análisis de sentimientos, basado en la expresión facial.

Es una compañía que va a la vanguardia de una nueva forma de analizar emociones, que permiten entender y analizar las emociones de clientes (en el caso de una compañía, por ejemplo).

La base de datos de Emotient tiene, da en directo la medida de las emociones mostradas por un cliente al ver un comercial... ¡cualquier contenido!, al comprar o al momento de recibir atención. Emotient inmediatamente manda lo que siente el cliente y lo pone en una escala.

Es una empresa que está en pleno crecimiento, como muchas otras de AI (Inteligencia Artificial por sus siglas en inglés), pero tiene un gran valor agregado, sobre todo para rastrear, investigar y evaluar las emociones y sentimientos de las personas.

Estas habilidades permiten a los negocios poder tomar decisiones mejores y con ello acelerar su crecimiento.

Actualmente, la tecnología de Emotient se vende a promotores, publicistas y empresas que quieren saber más sobre sus clientes. Al analizar videos o a una persona que está viendo un comercial, se mide la atención y el involucramiento de la gente y qué sienten en general sobre lo que se anuncia.

Fueron unos investigadores de la Universidad de California en San Diego, Estados Unidos, quienes fundaron Emotient en 2012. La start-up consiguió $8 millones de fondos en su primera recaudación.

Lo más misterioso de está genial idea, es que fue adquirida por Apple, sin que la empresa de la manzanita diera información de cuánto y por qué la adquirió.

Pero en esta era tecnológica y con grandes gigantes de la tecnología como Apple, Alphabet (Google) o Microsoft, la inteligencia artificial parece estar tomando mucha fuerza, y no es de sorprender encontrar cada vez más artículos "Smart".

Mira en esta liga la explicación de la compra de Apple www.time.com/apple-buys-emotient/, o bien visita el sitio de la start-up: www.emotient.com

# Modelos y Teorías de Innovación

### Océano azul

Creada por W. Chan Kim, en el año 1990. La teoría del Océano Azul, propone dejar a un lado la competencia entre las empresas, y ampliar el mercado a través de la innovación.

Chan distingue al *océano rojo* como todas las industrias existentes en la actualidad: Empresas que deben tener los límites claramente marcados, así como las competencias definidas, y cuyo objetivo es superar al rival y ganar una posición en el mercado. Están constantemente expuestas a la aparición de nuevos competidores, que disminuyen sus posibilidades de crecimiento. En otras palabras, la gran mayoría de las empresas actuales, que buscan superar y pisotear a la competencia.

También existe el *océano azul* que representa a las ideas que buscan crear mercados que no aparezcan en la actualidad y que, por lo tanto, son viables debido a que son oportunidades de generar un crecimiento rentable a futuro. Muchas de estas ideas nacen a partir de los océanos rojos. El océano azul Chan nos lo define como aquel espacio perteneciente al mercado y que aún no ha sido utilizado o explotado, y que por consiguiente generará una oportunidad para el crecimiento rentable, que tiene muchas ventajas.

Nos habla de los cuatro principios básicos de todo océano azul, que son:

- Crear nuevos espacios para el consumo;

- Centrarse en la idea global, no en los números;

- Conocer más allá de la demanda existente

- Asegurar la viabilidad de la estrategia.

Llega un punto donde las empresas, al estar enfrascadas en las mismas estrategias de solo competir y seguir la línea del océano rojo, bajan su demanda y su crecimiento. Algunas de ellas se dan cuenta que necesitan innovar para poder crecer y encontrar un nuevo mercado.

Es aquí donde entra la estrategia del océano azul: al innovar, se consigue hacer irrelevante la competencia y también se crean nuevos factores que beneficien al producto o servicio. Además, con esto, los clientes ven con más valor lo creado.

Otras de las ventajas de innovar es que se crea un mercado único, se hace irrelevante la competencia, se crea y se atrapa nueva demanda, se rompen las reglas y se replantea la empresa por completo, se consigue ser único, ser diferente y sobresalir de ese océano rojo.

La estrategia del océano azul hace que las empresas busquen un nuevo mercado, logrando que no exista rivalidad entre ellas. Así logran crear y capturar nueva demanda. La estrategia se basa en alinear todas las actividades de la organización con el objetivo de disminuir los costos y elevar el valor de los productos... ¡se trata de innovar! Al lograr esto se generan oportunidades de crecimiento rentable y sostenido a largo plazo.

Para definir una buena estrategia de océano azul se necesitan tres criterios:

- Foco

- Divergencia

- Un mensaje contundente para comunicarle al mercado

Podemos ver que cuando uno deja de enfocarse en ganar a la competencia y comienza a buscar una mejor manera de sobresalir, de llamar más la atención, uno está pasando del océano rojo al océano azul. La finalidad de este cambio es tener un camino libre de competencia y rivalidades, abrir un nuevo mercado y sobresalir de una manera más inteligente.

Para ver más a detalle esta teoría, te recomendamos: la-estrategia-del-oceano-azul.pdf

# CAPÍTULO XI
## Paso II: NOVEDAD

*"No hemos sido los primeros, pero seremos los mejores, porque la innovación es lo que distingue a un líder de los demás"*

*—Steve Jobs, co-fundador de Apple.*

¡Genial! Ya estás en el paso 2 de la metodología SNAP. Te aviso que si no realizaste de manera correcta el paso 1, no sigas avanzando, porque esa información que se recabó va a ser muy útil y la vamos usar. Recuerda que aquí vamos a planear muy bien, antes de empezar la producción o implantación de tu negocio.

Después de la situación, donde estuvimos observando y escuchando con los ojos y las orejas TOTALMENTE abiertos, ahora nos pasamos a la NOVEDAD.

En este paso es donde respondemos a la pregunta: *¿Qué va a ser de novedoso en la innovación que yo voy a poner?*

En el caso que te comente anteriormente, nosotros dijimos: *"Bueno, la gente está diciendo que la piel 'quema' cuando estamos en verano, ¿qué vamos a inventar para que sea novedoso?".* La respuesta fue: *"Hagamos una piel que no 'queme'".*

Es como si agarraras una moneda y aquí ves el otro lado de la moneda.

Nosotros somos reconocidos porque por décadas hemos hecho las cosas difíciles de una manera fácil. Esta es una forma de ver las cosas típica de nosotros.

Si en la situación tienes un problema, 'dale la vuelta' y en la novedad encontrarás la solución a ese problema. Fácil, ¿no?

Esa forma de ver las cosas de manera fácil ha generado cientos de millones de dólares a empresas de clase mundial. Y lo podrá hacer para ti también si te enfocas en esto que te vamos a compartir a continuación.

# Tu idea de innovación

Estamos hablando del otro lado de la moneda, en donde tú puedes ver cuál es tu idea de Innovación. ¡Tienes qué identificarla! Independientemente de si estamos hablando de un Proyecto, de un Programa, un Servicio, un Producto, un Emprendimiento... Tienes que ser capaz de identificar cuál es esa idea e innovación, y tenerla muy clara. Mientras más clara la tengas en tu mente, más fácilmente podrás ponerte en acción al respecto.

Si no está clara en tu mente, va a ser difícil que realices acciones al respecto.

### ¿Qué innovación quieres hacer?

En el mundo hay muchas personas sumamente preparadas al respecto de la innovación, ya sea a través de cursos, de diplomados e incluso doctorados. Yo mismo tengo una maestría en Dirección Estratégica y Gestión de la Innovación.

Me he encontrado en que la gran mayoría de estas personas habla con respecto de lo difícil que es innovar y esta es una fórmula que se han creado y de la que se han convencido.

El modelo de Innovación SNAP® es un modelo que ha resultado ser exitoso. ¿Por qué? Porque dentro de la parte de novedad toma un enfoque especial respecto a las siguientes preguntas: ¿qué es lo que vamos a hacer? ¿Cómo lo vamos a hacer? ¿Qué tal si tuviera? ¿Qué tal si fuera? ¿Qué tal si hiciera?

Y esas preguntas detonadoras son increíblemente poderosas, por sencillas que parezcan. Son poderosas porque están apegadas al raciocinio lógico e intuitivo de la persona.

Con esto podemos conectarnos muchísimo más fácil y lograr innovaciones en mucho menos tiempo de lo que hubiéramos llegado a pensar.

El punto es definir: ¿Qué es lo exactamente lo que quieres hacer en cuanto a novedad? ¿Qué quieres hacer de una manera práctica, efectiva? Que puedas llegar a contemplar o visualizar tu innovación de una manera tal que puedas comprenderla y casi hasta palparla.

## ¿Exactamente, por qué lo quieres hacer o poner?

Y el otro punto que obedece a las Razones del Innovador específicamente, es resolver la pregunta *exactamente... ¿por qué lo quieres hacer?*

Esta pregunta nos clarifica mucho el Fondo. Y bueno, hay múltiples razones. Una es, por ejemplo en el caso de nosotros, en nuestra empresa, *la queríamos hacer* porque más bien NECESITÁBAMOS hacerla; de otra manera ¡nos íbamos a morir!

Entonces, hay razones que son de cambio inmediato, como las que tuvimos nosotros: si no hacíamos algo, el mercado, tarde que temprano, nos iba a comer. No fue una *razón de Vanidad*. Habrá otros que tengan alguna razón de vanidad: quieren innovar porque ya encontraron la fórmula, quieren tener su patente número 25…

Habrá otras razones como la *Razones forzadas*. Por ejemplo, un doctor que trabaja en un Centro de Investigación, que tiene que sacar constantemente nuevos *"papers"* o nuevas investigaciones en su campo… ¡bueno!, pues se ve impulsado tal vez de manera forzada porque es su trabajo el innovar. Y algunas otras personas lo harán porque no tienen dinero, están en la bancarrota y se vuelven sumamente creativos; algunos otros lo harán porque son empleados de una compañía y están en el Departamento de Investigación y Desarrollo y demás.

Aquí lo importante es saber *por qué lo quieres hacer, por qué quieres innovar, qué hay en el fondo de tu deseo.* Si tú haces conexión con esas razones que hay en el fondo, te aseguro que podrás lograr innovaciones muchísimo más poderosas porque podrás estar libre de prejuicios, podrás fluir bastante, independientemente de que lo hagas por ti mismo, o porque es parte de tu trabajo, de tu contrato laboral.

Lo importante es que tengas claridad respecto a esto y verás que ASÍ, FLUYES DE MARAVILLA.

### ¿Por qué es que esa innovación superará a los actualmente establecidos?

Y ahora pasamos a un tema competitivo.

Por ningún motivo tu innovación debe estar por debajo de lo que actualmente existe. Entonces, ya comentamos que *en Situación*, debes de hacer tu búsqueda de *arte previo*, y al momento que haces tu búsqueda de arte previo (es decir, de lo que ya existe en el mercado), debes de comprender la situación a tal nivel para que sepas exactamente cómo es que tu innovación será realidad en relación con lo que ya existe en el mercado.

Y tu Innovación debe ser SUPERIOR a lo que hay en el mercado; no debe estar por debajo.

Entonces debes entenderlo, comprender todas sus partes, entender sus características, identificar los temas relacionados con la Calidad... es decir: debes de comprender tu Innovación *a fondo*, de tal manera que tú puedas llegar a dominar todo eso y puedas mover los controles, o los botones, o las cosas necesarias PARA COLOCARTE POR ENCIMA DE LO QUE ACTUALMENTE EXISTE.

## El factor WAO

Este Factor se refiere precisamente a *causar sorpresa* en el grupo de personas que van a estar en contacto con tu Innovación. Ya sea que tu innovación se plasme en un proceso o en un producto, debe de causar sorpresa, y aquí vamos a profundizar al respecto.

### ¿Por qué debería dar resultado?

Tú debes ser capaz de responder, basado en el desempeño, en la configuración, en la forma de llevar a cabo el proceso de creación de tu innovación, y de acuerdo al grado de novedad de tu innovación, *por qué es que va a dar resultados*.

En Novedad, recuerda que estamos hablando de decir *"yo lo que quiero hacer es una piel que no queme"*. ¿Y por qué va dar resultados? Aquí es donde empezamos a tomar en cuenta al Cliente, y para eso te voy a decir que puede haber varios tipos de clientes: puede haber tu cliente directo, puede haber tu cliente final (o también llamado su "área final"), puede ser un cliente intermediario…

Es decir, en el contexto general tenemos a muchos clientes, y tu Innovación debe ser capaz de provocar un *"¡WAO…!"* en cada uno de esos clientes. No quieras sacarles un *"¡ (bostezo) Okey… estáaaa… más o menos bien... (bostezo) Síii… (bostezo) …como que sí empieza a gustarme… "* O sea, ¡tú no quisieras sacar eso de la boca de tus clientes! Tú lo que quieres sacar es un *"¡WAO…!"*

Así que debes establecer cuáles son aquellas acciones por las que tu Innovación debe dar resultados.

Y SÓLO DA RESULTADOS SI SACA UN *"¡WAO…!"*
DE LA BOCA DE TUS CLIENTES.

### Describe: ¿Qué exactamente le importa al cliente?

De aquí en adelante abordaremos dos preguntas fundamentales que típicamente se dejan de lado cuando se está innovando. Y se dejan de lado porque el innovador o el investigador tradicional se enfoca simplemente a investigar el producto o proceso, pero no "pela", no "da bola" (no le importa, no toma en cuenta) al Cliente.

¡Y ese es el error principal! El Cliente es el sujeto más importante en el tema innovador.

Muchas veces el cliente no sabe, inclusive, que pueda ser posible o necesario realizar esa innovación. Pero si tú eres capaz de identificar lo que al cliente le importa, te aseguro que podrás entonces darle un buen resultado, y por lo tanto sacarle un *"¡WAO...!"* de la boca.

Tú tienes que investigar. Yo te recomiendo que hagas lo que hemos hecho nosotros en nuestros desarrollos y programas de miles de dólares y te voy a dar esto GRATIS: pasa tiempo investigando a diferentes tipos de clientes. Platica con ellos, entrevístalos, invítales un café, juega golf con ellos, invítalos a tu oficina, conversa con ellos de una manera extenuante (para ti), profunda (para conocerlos). Claro que sin que parezca un interrogatorio policial. Que sea algo muy padre, algo que realmente disfruten todos.

Y tienes que ser capaz de IDENTIFICAR TODO LO QUE LE IMPORTA A ÉL.

## ¿Qué cosas no se han atendido y son tu Gran Oportunidad?

Una vez que has estado platicando con tu Cliente, al final de todo este proceso de entrevistas, y de relaciones públicas, y de *cafecitos...* debes de tener una lista con la que identifiques claramente QUÉ ES LO QUE NO SE HA ATENDIDO.

Es decir, tú debes encontrar un nicho, un área gris, un área de oportunidad, un área no atendida en la cual tú puedas meter tu Innovación. Por ejemplo, durante años han existido los audífonos grandes, como los Bose, los Pioneer y demás, tanto Premium como tradicionales; pero siempre hay un área de oportunidad. Lo importante es tener esto en la mente.

Y fue lo que utilizó Beats, de Dr. dre. Encontró un área de oportunidad, realizó sus movimientos estratégicos, innovó respecto al sonido para ofrecer un sonido muchísimo más vibrante, ¡y bueno!: tiene un negocio de billones de dólares a nivel mundial.

¡GRACIAS A QUE ENCONTRÓ SU GRAN
OPORTUNIDAD!

# Haciendo "Tierra" (Plan de negocios)

Con "hacer tierra" nos referimos en términos generales a que debes de *"bajarte de la nube"* , debes dejar de estar soñando y poner los pies en la Tierra. Y esto lo hacemos con el tema económico.

El innovador siempre está así, extasiado ante su idea de innovación próxima. Y está tan extasiado que muchas veces pierde sentido, pierde el piso, y no pone los pies en la tierra; así que aquí vamos a ver tres puntos fundamentales que te ayudarán a poner los pies en la tierra, pues en la Etapa de Novedad, esto es lo más importante que puede haber.

### Hagamos cuentas rápidas

Mira, lo más importante en tu Innovación es la innovación misma. Si tú estás inventando la siguiente aplicación móvil, y el siguiente dispositivo, la siguiente pintura, la siguiente generación de repisas, o la siguiente manera de cultivar café… ¡está perfecto! Eso es lo que debes hacer.

Pero luego muchos innovadores quieren hacer Planes de Negocios "perfectos". Y el problema está en que NO saben hacer Planes de negocios y pasan demasiado tiempo trabajando en algo que no saben hacer.

Así que tú lo que tienes que saber como innovador SNAP es hacer cuentas rápidas pero reales. Es decir, no quiero que tomes un Diplomado o una "Maestría en Finanzas para no financieros", o "en Planes de Negocios" y demás. Lo que buscamos es que HAGAS CUENTAS REALES, claras, que se posible entenderlas, que comprendas de dónde vienen los números.

Hay una cantidad inmensa de razones, y de indicadores y KPIs (Key Performance Indicators) y un montón de cosas que no necesariamente tienes que saberlas. Lo que tienes que saber es si tu innovación va a producir dinero o no. A qué velocidad va a dar ese dinero, y si vas a poderla hacer, o no… prácticamente.

Entonces, recuerda que debes sacar números que tú sepas comprenderlos, que sepas a qué se refieren y sobre todo

QUE ESTÉN EN LA REALIDAD.

## Ve con alguien de mucha visión

Para estos temas, acude con personas que ya hayan pasado por este proceso. No vayas air con tu amigo (el que está en la pobreza, que es todo negativo) porque ¡bueno!, vas a salir de ahí todo deprimido… ¡quizá hasta un infarto te pueda llegar a dar de la impresión!

El tema es sí, ve con amigos (a lo mejor no son tus "grandes amigos") ¡pero ve, busca a personas que tengan mucha visión y que ya hayan logrado cosas maravillosas!, que sean millonarios, que tengan dos o tres empresas, o que sean dueños de empresas en tu país y en Estados Unidos y alrededor del mundo, que viajen. Es decir, que tengan un contexto amplio para que puedas aprender de ellos.

Lo que buscamos es que *"hagas tierra"*. Tiene que ser con un amigo para que le platiques con confianza (y sabiendo que no te va a "fregar") acerca de tu Innovación, y te pueda recomendar cosas. Mira, esto es fácil: tú tienes que ver a gente QUE TE DIGA LA VERDAD, independientemente de que esta verdad te guste o no. Te puedo decir que así, vas a estar en la Realidad, y estar en la realidad es lo más importante que debes de ver; porque si no estás en la Realidad puedes vivir en una fantasía que nunca va a dar dinero y vas a desperdiciar, acabar con tus años.

# Protegiendo tu negocio

## *El papel de la Propiedad Intelectual en tu negocio.*

Bueno, y en **N**ovedad es precisamente donde se hace uso de toda la fuerza de la Propiedad Intelectual. Quizá no estés absolutamente nada relacionado con esto, pero es fundamental que lo estés, es fundamental que lo conozcas.

Hay cientos de cursos. Inclusive si tú visitas *www.bigriverelearning.com* vas a encontrar muchos cursos acerca de Propiedad Intelectual que han sido desarrollados por especialistas en la materia, precisamente para protegerte. Tienes que saber respecto a Derechos de Autor, de Marcas, de Patentes, de Secretos Industriales, de Modelos de Utilidad. TIENES QUE SABER.

Aquí no se vale jugar al ignorante o al "menso". Aquí tienes que ser inteligente y aprender. Nosotros con el Thermo leder hicimos un gran negocio gracias a que aprendimos y protegimos todo un concepto: protegimos la marca, la protegimos con patentes, protegimos ciertas cosas cono Secreto Industrial inclusive, ya que no queríamos que nadie los supiera porque el problema de una patente es que a los veinte años y desde antes ya es conocimiento público, puesto que cualesquiera lo pueden ver.

Tú tienes que ser muy inteligente: los negocios de Propiedad Intelectual (**¡lee bien esto que voy a decirte!**)

LOS NEGOCIOS DE PROPIEDAD INTELECTUAL SON MULTIMILLONARIOS.

Los negocios de Capital Intelectual o Activos Intangibles son Multimillonarios; llegan a valer más que el negocio mismo. Y te estoy hablando de diez… o cincuenta veces más que el Negocio.

Suena interesante, ¿no?

Bueno, pues tú tienes que saber de esto: **N**ovedad, lo podemos resumir en dos cosas:

- ¿QUÉ VA A SER DIFERENTE EN TU INNOVACIÓN? (con relación a todo lo que tienen tus competidores)
- ¿CÓMO DEMONIOS VAS A PROTEGER TU INNOVACIÓN? (¡para que no te vayan a fregar en el proceso!, y además tu Innovación pase de valer cien mil dólares a valer Diez millones de dólares)

Y todo eso, estimado lector, lo vas a lograr con LA PROPIEDAD INTELECTUAL... ¡te lo aseguro!

# Emprendimiento e Innovación

### Jarritos:

El nombre proviene de la tradición mexicana de beber agua fresca en jarros de barro, cosa que su creador quiso extender a las bebidas carbonatadas, las cuales comenzaban a tener apogeo en esa época.

En 1950 Jarritos fue fundada por Don Francisco "El Güero" Hill, un destacado químico y pensador. La primera bebida de los Jarritos fue de café, la cual por obvias razones no tuvo mucha aceptación (¿quién va querer su café frío y carbonatado?).

Esta bebida rompió con todos los estándares de las bebidas gaseosas en México, primero porque era de café, segundo porque venía en una presentación bastante práctica: una botella de 400ml.

Al ver que no tuvo tanto éxito su bebida, Don Francisco desarrolló una técnica para extraer el jugo del tamarindo, consiguiendo crear así la primera bebida carbonatada sabor tamarindo. Ésta tuvo mucho más éxito que la pasada, tan es así que hoy en día se sigue comercializando.

Iniciando por el Distrito Federal, Hill, al ver que sus bebidas con sabores frutales tenían éxito, no se detuvo ahí. Siguió con otros sabores: mandarina, limón y ponche de frutas, ganando mercado rápidamente. Jarritos se convirtió en una bebida conocida a nivel país muy pronto.

En tan sólo 10 años, Jarritos ya estaba presente en más del 80% de México, convirtiendo la marca en un ícono de la cultura mexicana y en una de las mejores marcas del país en esa época.

Luego en 1989 comenzaron las exportaciones a EUA. Y para 1997 Jarritos se volvió la bebida carbonatada más popular entre la población Latina. De acuerdo con su página de internet en la sección de historia, 1500 botellas de Jarritos cruzan la frontera cada minuto.

Es tanta la producción de refresco sabor mandarina, que se requieren 30 millones de éstas al año para completar su producción. ¡30 millones es casi la población de Canadá!

También presumen que se llenan 45,000 botellas de cristal cada hora en cualquiera de sus plantas en México. Lo que equivale a ¡18,744 tamales!

Ha tenido gran aceptación alrededor del mundo y se vende en más de 10 países, algunos de ellos son: Bélgica, EUA, Canadá, Australia, Francia, Suecia, obviamente México, entre otros.

Está empresa ha sabido llegar a muchas partes, gracias a su increíble creatividad y el no tener miedo a aventarse en poner sabores nuevos a las bebidas.

Puedes consultar su historia en: www.jarritos.com/

### #InstaEmprendimiento#Millonario:

Las redes sociales han conseguido acaparar gran parte del mercado, tan es así que de las empresas más prósperas que hay, se encuentra al menos una de estas compañías. En una era tecnológica esto no es de sorprender, lo que sí debería sorprender es cómo hay creatividad para desarrollar una red social y que tenga bastante éxito. Ése es el caso de Instagram.

Instagram comenzó a desarrollarse en San Francisco, Estados Unidos, cuando Kevin Systrom y Mike Krieger decidieron enfocar su proyecto de programación, Burbn, en fotografías tomadas con celular. El nombre Instagram se deriva de las palabras: "cámara instantánea" y "telegrama".

Fue con esta idea con la que los fundadores, consiguieron obtener $500,000 (USD) de capital semilla con Baseline Ventures y Andreessen Horowitz, mientras seguía en su proyecto inicial de Burbn. Su equipo fue creciendo poco a poco y para agosto del 2011 ya hasta tenían una "Evangelista" (nombre que se le da a la persona de llevar y promocionar la idea del producto/servicio), Jessica Zollman.

Su idea tuvo mucho éxito desde el comienzo. De hecho, lograron tener 1 millón de usuarios en tan sólo 2 meses después de su lanzamiento y este número sigue creciendo desde entonces.

Una de los mayores aciertos de Instagram fue que siempre ha ido actualizándose, añadiendo nuevos efectos o "filtros" para sus fotos, mejorando su diseño de interfaz y más recientemente añadiendo mensajes directos.

En enero del 2011, Instagram agregó los famosísimos hashtags, para ayudar a los usuarios descubrir fotos u otros usuarios. La idea de estos hashtags es agregar información o frases relevantes y no palabras genéricas como "foto", para hacer más efectiva la búsqueda.

Con tanta popularidad no es de sorprender que varios inversionistas estuvieran siguiéndole la huella a esta red social, y fue así como el 2 de febrero del 2011, hubo un anuncio que revelaba que Instagram había alcanzado $7 millones (USD) de fondos de varios inversionistas, como Benchmark Capital, Jack Dorsey, Chris Sacca, entre otros. En ese entonces Instagram fue valuada en $25 millones (USD).

El 3 de Abril del 2012, Instagram lanza su app para Android que rompió record al ser descargada más de un millón de veces en menos de un día. Esa misma semana, Instagram obtuvo $50 millones (USD) de inversionistas, valuando a la red social de fotografía en $500 millones (USD).

Durante los siguientes meses, Instagram fue mencionada más de un millón de veces en Google Play (la tienda de aplicaciones para Android) y fue la quinta app en la historia en conseguir un millón de ratings en Google Play.

Facebook hizo la oferta de comprar Instagram, juntos con sus 13 empleados, por aproximadamente $1 mil millones de dólares en abril del 2012, con la propuesta de mantener a la compañía para que se pudiera manejar de manera independiente.

Al día de hoy Instagram cuenta con más de 150 millones de usuarios activos, 16 mil millones de fotografías compartidas, 1.2 mil millones de "likes" por día y 55 millones de dólares por día. Instagram llegó a ser valuada en $35 mil millones de dólares, según fortune.com

Siendo la red social número 1 de fotografía, no cabe duda que Instagram ha asegurado su estadía por muchos años más.

Fuentes:

www.fortune.com/instagram

www.wersm.com/history-of-instagram

**Airbnb:**

Airbnb es la forma reducida de decir 'Air bed and Breakfast' (Cama inflable y desayuno). La historia de esta compañía, empezó hace seis años, cuando dos amigos, Brian y Joe, estudiaban diseño y se dieron cuenta de que no podrían cubrir los gastos para final de mes. Encima, habían recibido un aviso de que el alquiler de su departamento en San Francisco subiría.

Este fue el problema que dio origen a la plataforma de renta de propiedades que ha cambiado la forma de viajar de más de  10 millones de viajeros, que pueden elegir entre más de 550,000 opciones de alojamiento en renta a nivel global.

En esa semana de 2008 ocurriría una  feria de diseño en San Francisco y todos los hoteles estaban ocupados. Se les ocurrió entonces montar un sitio web  sencillo y comprar unas camas inflables para aprovechar el espacio extra en el departamento.

Con la oferta de un lugar para pasar la noche y un desayuno, Brian Chesky y Joe Gebbia construirían el negocio que hoy los hace acreedores a un lugar privilegiado en el club de fundadores de startups tecnológicas.

Nathan Blecharczyk fue el tercero en sumarse, apoyó a Brian y Joe en la construcción del sitio web para publicar el anuncio.

En 2009, la aceleradora Y-Combinator les facilitó 20,000 dólares para perfeccionar el modelo, y después, la firma Sequoia Capital, de Merlo Park, inyectó 600,000 dólares.

Ahora, Airbnb ofrece habitaciones, departamentos, islas privadas, castillos, iglús… Los límites parecen no existir.

Te dejamos este link para que tengas veas un resumen objetivo sobre qué es y cómo funciona Airbnb: www.time.com/airbnb

Con más de 60,000,000 de usuarios, más de 34,000 ciudades, en 190 países (la ONU reconoce 195 países en todo el mundo) y más de 1,400 castillos (de verdad puedes hospedarte en cualquiera de ellos) Airbnb está catalogada como Unicorn en la lista de Fortune, y no es de sorprender pues la empresa ya ronda los miles de millones de dólares.

Ponemos también a tu disposición una entrevista a uno de los fundadores y CEO de Airbnb, Brian Chesky, realizada por Fortune, para que veas el concepto y mentalidad que maneja este joven innovador y la tendencia que parece tener el mercado hoy en día: www.fortune.com/airbnb

No cabe duda que el mercado actual y más si es vía internet está teniendo una marcada tendencia al "sharing economy", cosa que podemos ver con Uber y otras empresas o startups similares.

Fuentes:

www.forbes.com.mx/airbnb-negocio-millonario

www.airbnb.mx/

# Modelos y Teorías de Innovación

### Sharing economy

Sharing economy (también conocido como consumismo colaborativo) hace referencia a compartir peer-to-peer (de igual a igual) o dar acceso a bienes y servicios de una a otra persona (generalmente coordinadas en una e-community). Uno de los más comunes medios para llevar a cabo el sharing economy es a través de las redes y el internet, usando tecnologías de la información para proveer a los individuos, corporaciones, ONG´s y/o gobiernos la información necesaria para optimizar, compartir y redistribuir de manera más inteligente sus recursos y obtener así satisfacción por ambas partes.

Una de sus principales premisas es que cuando la información acerca de bienes o servicios es compartida (normalmente vía online), el valor y apreciación de estos bienes incremente para el negocio, para el individuo, para la comunidad y para la sociedad en general.

El consumismo colaborativo visto como un fenómeno, es una clase de arreglos económicos en donde cada participante comparte y tiene acceso a los productos o servicios, en lugar de tener una adquisición propia para él mismo o ella misma. Se estima que el mercado peer-to-peer genera $26 mil millones de dólares al año y es una cantidad que parece ir en un dramático aumento con la aparición de nuevas empresas que usan este modelo.

Este nuevo giro de negocios se construye sobre el concepto de compartir más que de consumir recursos. La habilidad de compartir lo que se tiene permite a los consumidores tener acceso a bienes o servicios cuando lo necesitan, en lugar de tener que comprarlos "por si acaso" los necesitaran.

Otra gran ventaja es que tiene un enfoque sustentable y consigue hacer más con menos recursos, esto beneficia en parte al medio ambiente pero también ayuda al consumidor a tener más noción por el ahorro, cosa que en los tiempos modernos es difícil de conseguir.

El sharing economy es una tendencia en rápido crecimiento y que al parecer se quedará con nosotros por mucho tiempo.

Mientras que los negocios siempre se han encargado de ofrecer soluciones para facilitar la vida de los consumidores, el sharing economy tiene mucho éxito debido al valor agregado que genera como la frugalidad, la responsabilidad social e incluso el trato personal de quien comparte el producto o servicio a quien lo recibe.

También esta ideología está teniendo un fuerte impacto en la sociedad, está cambiando la manera en la que la gente viste, se transporta, come, vacaciona y cómo tiene acceso a programas de financiamiento.

Así que puede que tu idea entre en este ramo de la economía, aún tienes tiempo de innovar y de entrar al sharing economy.

Con el acceso a la tecnología y el conocimiento del modelo, sólo falta que identifiques una problemática o necesidad social de la vida cotidiana y la resuelvas. Puede parecer una pequeña necesidad, pero considera el potencial de resolución que ésta tiene y cómo mejorar las expectativas y experiencias del consumidor –incluso aumentar la demanda-.

Fuentes:

www.forbes.com/the-sharing-economy-why-it-works

# CAPÍTULO XII
## Paso III: ACCIÓN

*"Actuar sin pensar es como disparar sin apuntar"*

—B. C. Forbes, *periodista financiero fundador de la revista de negocios que lleva su nombre.*

Ya pasamos por la Situación, que es donde observas la realidad e identificas un área de oportunidad.

Por Novedad, que es donde piensas cómo hacer algo diferente y MEJOR (¡obviamente!) con respecto a esa área de oportunidad con respecto a lo que existe actualmente. Y, sobre todo, como lo voy a PROTEGER.

Ahora ya estamos en la tercera parte de la metodología SNAP, y es hora de la Acción. En este paso es cuando ya comienzas a materializar y ver en tu espacio físico, todo lo que se ha venido trabajando a lo largo de este proceso.

En esta parte es precisamente donde sucede toda la MAGIA. Antes, digamos que estuvo en "diseño" y ahora va a estar ya a nivel de TRABAJO.

Vas a trabajar DURO para que esa innovación pueda ser cristalizada de un manera productiva y efectiva.

## Apronta tus opciones de capitalización

Empecemos por el punto número 1. ¡Yo sé que es importantísimo todo lo demás!, sin embargo,

### SIN DINERO NO VAS A HACER ABSOLUTAMENTE NADA.

¡Es fundamental que tengas Dinero! ¡Es fundamental que tengas tus reservas, tu Capital! Y tienes que echar mano de ellos. Si tú estás en una empresa, pues ¡qué bueno!, pero todo se rige bajo el fenómeno de los Presupuestos y del Dinero. Así que tú tienes que ser bueno para poder convencer, y obtener la mayor cantidad de Dinero posible para hacer tu Innovación.

En **Acción**, muchas veces el innovador piensa "Nooo... me debe de costar, mmmh... ¡equis cantidad de dinero!".

Mi recomendación es que multipliques por tres esa cantidad de dinero, porque se puede extender, puede ser un poco más difícil, puedes llegar a necesitar más personas, puedes necesitar ser más veloz, etc. Yo le llamo "la Regla de las Tres veces"; y no es que te quieras proteger a lo estúpido, sino porque terminas teniendo esas situaciones.

Acción es tomada desde el momento que vas a empezar ¡ya! a trabajar tu innovación hasta el primer momento en que lo pones en el mercado o que ya está trabajando y operando. Es decir, en resumidas cuentas, que vas a requerir de Dinero.

## Enfócate en producir dinero

Y así como vas a requerir Dinero (como lo hablamos anteriormente), ya que estás en **Acción**, tienes que enfocarte en *producir Dinero*, no debes enfocarte en *gastarte* tu dinero o gastar el dinero de otros.

Tienes que estar enfocado, pensando como un Ejecutivo de la Innovación. Y el Ejecutivo de la Innovación trabaja paralelamente en dos cosas: primero, en la *generación de la innovación* que está haciendo (es decir, en crearla y en sacarla al mercado) y segundo, trabaja en *cómo esa innovación va a generar Dinero* o va *a generar ganancias*, si tú quieres llamarlo así. Lo de las ganancias puede ser expresado en muchos lados. Puede tener muchas formas, pero la Ganancia es importante para la supervivencia de la innovación.

¿Cómo es que vas a generar Dinero? ¿Cómo es que vas a poder generar MÁS dinero? Tú no quieres sacar una innovación simplemente "porque es maravillosa" pero no produce nada. El tema es que tu innovación debe ser capaz de generar ganancias. De alguna u otra manera. Velo así: si tu innovación no genera ganancias, probablemente sea muy buena pero de nada va a servir.

No va a tener oportunidad de crecer, y de expandirse y de florecer.

## Arregla los errores de inmediato

A medida que vas recorriendo el camino de la **Acción**, es decir del desarrollo de la innovación, tú debes estar corrigiendo de inmediato los errores que surjan. ¡De inmediato!

Las personas deben de tener una obsesión por la velocidad. Deben de tener un sentido de Urgencia. Un sentido con el que estén verdaderamente galopando, no nada más "caminando" o como dicen en algunos lugares, nadando "de muertito". Deben de estar galopando hacia la innovación. Deben de mantener constantemente un ritmo ágil, y así debes de corregir los errores, ágilmente.

Nosotros hemos sido testigos, con nuestro método de innovación SNAP, el mismo que tú estás leyendo aquí, de que con el tiempo (desde la concepción hasta la puesta en marcha de las innovaciones) hemos sido capaces de reducirlo a una tercera parte de lo que solía ser, gracias a ideas como ésta que te estoy compartiendo aquí, con la que todos tienen absolutamente claro que deben corregir los errores de inmediato.

## Ocúpate de la visión (ejecutivo)

Además de trabajar en la Innovación y estar estructurándola de la mejor manera, tienes que estructurar también la manera ejecutiva, o el punto de vista ejecutivo de dicha innovación.

Es decir, tienes qué ver hacia dónde vas, cuál es tu visión de la innovación, tu Plan estratégico, cómo vas a lograr penetrar en el mercado, tu Plan de Marketing, tu Plan de Precios, etc. Todos estos detalles se ven a nivel Ejecutivo. Y ese nivel Ejecutivo debe ser perfectamente claro. Te recuerdo que no necesariamente tienes que ser un Máster en la materia pero sí pero sí debes de ser capaz de comprender este tipo de asuntos para que sea una noción fuerte que sea capaz de trabajar por sí misma.

## Ocúpate de las entradas (personal)

Siguiendo estos conceptos que te estamos compartiendo, tu Innovación va a ser Exitosa. Y si va a ser exitosa, vas a requerir de gente, así que debes estar afrontando todo este proceso de reunir gente o personal.

¿A quiénes vas a contratar? ¿Cómo los vas a contratar? ¿Qué tipo de perfil requieres? ¿Qué tipo de perfil NO requieres? ¿Qué cosas no vas a permitir? ¿Cuáles son tus acuerdos de trabajo internos? ¿Cómo es que vas a darle un encaminamiento efectivo al proceso que estás siguiendo? ¿En qué necesitas entrenarlos y certificarlos? ¿Cuáles son las actividades más importantes? ¿Cuál es su rol? ¿Cuál es su puesto? ¿Cuánto les vas a pagar a fin de que la innovación, en su conjunto, sea viable?

Es fundamental que tengas claras desde el inicio todo este tipo de cosas.

Las entradas es lo más importante y la gente contratada para la innovación ¡pues es quien hace la innovación en todos lados! Así que la gente que contrates debe estar preparada, bien encaminada, bien certificada, haciendo las cosas de acuerdo a las políticas de la Organización independientemente de si se trata de un par, o de ¡doscientas de personas!

## Ocúpate de la tesorería

Seguimos en **Acción**, y en **Acción** debes de ocuparte desarrollo de tu innovación y también de la Tesorería.

¿Y qué es la Tesorería? ¡Bueno!, el manejo del Dinero, que lo podemos dividir prácticamente en tres puntos:

- **Primero:** el manejo de todo el dinero que entra y cómo conseguir que cada vez entre más para que puedas terminar bien todo tu proceso de innovación.

- **Segundo:** el manejo de LA SALIDA del dinero, cómo administras tu dinero para que cada vez SALGA MENOS. Si sale menos o gastas menos dinero en tonterías, tendrás más recurso para poder hacer mayores cosas: puedas tener un mayor Presupuesto o mejor administrado.

- **Tercero:** Llevar un buen Registro contable. No te estoy diciendo que te vuelvas Contador, pero sí debes tener cuentas claras, en regla y apegadas a la Ley.

El Innovador SNAP no quiere ningún problema. Quiere tener todo absolutamente claro y por eso es que siempre está muy atento y sobre la línea de lo que se le pide en cuestión de Legalidad en el manejo del Dinero.

## Ocúpate de la producción y de la calidad

El desarrollo de la Innovación, como está sucediendo ahorita, recuerda que en este punto de **Acción** no estamos hablando todavía de GRAN ESCALA; estamos hablando desde que estás creando la Innovación. La estás desarrollando, estás con el *"prueba y error"* , con el perfeccionamiento y el alcance está hasta que llega a salir por primera vez al mercado, así que en todo este proceso nosotros le llamamos "**de Producción y de Calidad**".

Es decir, estás produciendo la primera versión o las primeras versiones de la Innovación y estás controlando la Calidad, así que tú debes de, por un lado, *Producir eficientemente* para que tu Presupuesto alcance y para que no gastes el dinero en tonterías o en desperdicios, y por otro lado *cuidar la Calidad*: debes de saber exactamente cuáles son los controles de aseguramiento de calidad que vas a establecer a fin de poder estar verificándola en todo momento y asegurando que tu Innovación salga siempre con los estándares requeridos, que van a estar **¡WAO!** ... sorprendiendo al Cliente SIEMPRE.

## Ocúpate de las relaciones públicas

Es importantísimo que las personas se enteren de tu Innovación. Muchos no quieren dar a conocer nada de su innovación porque luego dicen: *"ooye, pero es que luego... si me va maaal... si no funciooona, si es algo que no jala... ¡algo que no funcionó, pues me voy a quemar!"* (por ahí dicen algunos, ¿no?)

Pues el tema es que, si sigues todo lo anterior, las probabilidades de éxito son muy bajas; sin embargo van a existir siempre.

Debes de ocuparte de mantener Relaciones públicas. Es decir, que el público en general sepa cada vez más de tu Innovación. Si cada vez más personas conocen respecto a tu proceso innovativo, el proceso en el que tú estás trabajando, puede haber gente que se te sume (con uno, o con dos, ¡o con diez cheques muy jugosos!); puede haber clientes que usen la Innovación, puede haber gente que esté convencida de lo que estás haciendo y gente que te está apoyando.

Así que debes de hacer de las Relaciones públicas tu arma de batalla y trabajar este tema bastante bien. Si no sabes nada de esto, bueno, sí te tienes que ocupar, así como te ocupaste de la Propiedad

Intelectual, de las Relaciones públicas. Tienes que ser un Ser público, un ser Social, un ser que está en contacto con los demás, porque este tipo de personas logran que sus Innovaciones trasciendan.

Todos los proceso que detalladamente investigamos en este libro te dan una demostración clara de que las Relaciones públicas son fundamentales.

# Emprendimiento e Innovación

### Domino´s Pizza:

Es una de las empresas de comida rápida más grandes del mundo y figura entre las pizzerías más populares del planeta. Pocos imaginarían que la simple idea de vender pizzas podría ser de lo más lucrativo y que un imperio pizzero podría extenderse a lo largo y ancho del orbe.

En 1960, Tom Monaghan y su hermano James compraron "DomiNick's", una pequeña pizzería, por 900 dólares, y comenzaron a trabajar en ella. Al poco tiempo, James vendió a su hermano la mitad de su negocio (sin saber en qué se convertiría) por un Volkswagen Sedán de segunda mano, y de esta forma Tom se hizo con todo el negocio.

Cuando se hizo con dos tiendas más en el estado de Michigan, Tom renombró en 1965 sus establecimientos como "Domino's Pizza", adoptando como logotipo una ficha de dominó que simboliza los tres locales originales.

En 1967 abrió su primer local franquiciado y pronto la cadena comenzó a crecer, llegando a contar en diez años con 200 tiendas en todo Estados Unidos, gracias al poder de las franquicias que permiten una renta segura y a que todos los procedimientos están documentados y bien organizados.

El grupo logró mucha popularidad en 1973 gracias a una técnica publicitaria, de la que se apoyaron en años siguientes para seguir creciendo. Tan buenas han sido sus campañas que han sido imitadas por otras marcas. Sin lugar alguna la más popular y característica de la empresa fue la que garantizaba una pizza a domicilio gratis si ésta tardaba más de 30 minutos en entregarse.

En 1983 ya alcanzaba las 1,000 tiendas con sus primeros locales fuera de Estados Unidos: uno en Winnipeg (Canadá) y otro en Queensland (Australia).

En 1988, Domino's llegó a un país de habla hispana, cuando abrió su primer establecimiento en Bogotá (Colombia). Más tarde se extendió a otros países como México y Guatemala (1989), Venezuela (1992), Ecuador y Perú (1995). Con más de 7,000 establecimientos abiertos en todo el mundo.

Tom Monaghan vendió en 1998 el 93% de la compañía al fondo de capital riesgo Bain Capital por 1.000 millones de dólares y anunció su retirada, sabia decisión para el aquel entonces señor de 61 años.

En 2004 la compañía comenzó a cotizar en la Bolsa de Nueva York, y en 2006 abre su establecimiento número 8.000.

En 2009, Domino's renueva todo se menú para incluir en Estados Unidos otras ofertas como salchichas o pasta, cambio que se debió a la baja de ventas y la necesidad de adaptarse a las nuevas necesidades del mercado.

Actualmente es la segunda cadena de este tipo más grande en Estados Unidos (después de Pizza Hut) y cuenta con más de 10,000 establecimientos en régimen de franquicia en más de 60 países.

Ha conseguido ampliar su gama y pasar de especializarse en pizzas, ahora también ofrece una amplia gama de comida y postres. También se ha actualizado a la era digital, ya que tiene su propia app y puedes ordenar y seguir tu orden vía internet. Interesante ¿no?

Fuentes:

www.forbes.com/dominos-latest-tech (Información extra de cómo se ha adaptado a la era tecnológica)

www.dominos.com

### Máscara de látex:

¿Se puede iniciar un negocio usando a las redes sociales como catapultas y prácticamente único medio de propagación? La respuesta es sí. Existen conocidos casos de éxito en donde fueron los *social media,* aquellos que catapultaron o inspiraron la creación de negocios que van creciendo y cuyo único medio de promoción e interacción han sido las redes sociales. Uno de estos ejemplos es Máscara de Látex.

Atrevido, sin escrúpulos y políticamente incorrecto, Bruno Darks (la insignia de la marca) inició una pequeña empresa de playeras con diseños creativos y juveniles en 2011. Iniciando con 1 diseño y en menos de 1 año ya había aumentado el número a 50 diseños diferentes.

La marca de playeras inició como un juego en Twitter. En realidad todo empezó en abril de 2011: Bruno Darks, el personaje insignia de la marca era en aquel entonces uno de esos *trolls* (cuentas que se dedican a molestar, criticar y ofender a otras cuentas o personas) de Twitter que, a pesar de su sentido del humor grosero e irreverente y de su comportamiento agresivo, tenía un carisma que cautivaría a la red.

En junio del 2011, con poco más de 100 mil seguidores, a Bruno Darks se le ocurrió subir el diseño de una playera de Batman poco convencional. Poco a poco la gente le empezó a preguntar dónde podría adquirirla y se le ocurrió subir otros tantos diseños con súper héroes, pero en actitudes muy irreverentes. Al poco tiempo, ya tenía una tienda online y un catálogo muy amplio de playeras.

El éxito de las playeras se debió a varios factores, pero sobre todo en que hay una coherencia muy grande entre la actitud del personaje central (Bruno Darks), la marca y el producto. Esta coherencia permitió que la popularidad del personaje y la marca crecieran, y usando como medio de distribución las redes sociales, el dominio de Máscara de Látex no tardó en extenderse por toda la República.

Su principal medio de promoción continúan siendo las redes sociales, las que no sólo permitieron la aparición de la marca, sino elevaron su popularidad. Actualmente cuenta con cerca de 400 mil seguidores en Twitter y poco más de 700 mil en Facebook.

Hoy en día tiene un sitio donde promociona sus artículos, que ya no son sólo playeras, también encontramos pullovers, hoodies, jackets, leggings, tanto para hombres como para mujeres y niños (a excepción de los leggings ésos son sólo para mujeres), además vende gorras y accesorios para celular. Y posee licencia para diseñar y vender productos de Star Wars, Marvel, Los Simpson, Batman, Superman, Wonder Woman, Breaking Bad, entre muchas otras, además de sus propios, creativos e irreverentes diseños.

Por si fuera poco se espera abra un sistema de franquicias, aunque si cualquier persona lo desea puede volverse distribuidor de la marca. Y al parecer le va muy bien porque es común encontrar "agotado" más de un modelo de playera, jacket o pullover.

Si quieres ver sus modelos te invitamos a que accedas a: www.mascaradelatex.com/

O si quieres ver cómo las redes sociales han ayudado a más empresas: www.forbes.com.mx/los-negocios-que-nacieron-en-las-redes-sociales

## Spotify:

Continuamos con el sharing economy, pero ahora iremos a la música. Por la idea de que las grandes disqueras nos permitan escuchar streaming sus mejores éxitos como si fuera una radio o tener el gusto de descargar sus "rolas" si pagamos una membresía, Premium genera un mercado ganar-ganar tanto para el consumidor como para el vendedor.

El programa se lanzó el 7 de octubre del 2008 al mercado europeo, mientras que su implantación en otros países se realizó a lo largo de 2009, diseñado por dos suecos.

La aplicación fue lanzada el 7 de octubre del 2008. Se inició con una distribución de cuentas Premium por invitación y se abrió la suscripción por pago para todo el público. Ese mismo año Spotify anunció que conseguiría licencia con grandes disqueras. Pero no todo fue color de rosa, la compañía reportó una pérdida de $4.4 millones de dólares en el 2008.

El 10 de febrero del 2009 Spotify permite el registro gratuito en el Reino Unido. Tuvo un gran aumento de registros gracias a la aplicación que desarrolló. A finales de ese mismo año, para la temporada navideña, salieron las Premium e-cards que permitían llevar cualquier cuenta a volverse Premium con la opción de 1, 3, 6, o 12 meses.

En septiembre del 2010, en el Foro Económico Mundial (WEF por sus siglas en inglés) se reconoció a Spotify como Pionero Tecnológico. Ese mismo año, Spotify pagó más de $49 millones de dólares a sus licenciantes, inversión que definitivamente lo valió.

Para marzo del 2011, Spotify anunció que tenía un millón de subscritores Premium en toda Europa, doblando ese número para Septiembre.

El 14 de julio del 2011 Spotify llega a Estados Unidos de América. En abril del 2015 en una recaudación de inversión Spotify logró obtener la gran cantidad de $526 millones de dólares y fue valuada en $8.53 mil millones de dólares.

Y a pesar que se las ha visto muy negras con la industria musical y ha tenido grandes pérdidas económicas debido a los pagos de licencias, Spotify actualmente ofrece un catálogo mayor a 30 millones de canciones.

En 2014 a pesar de sus pérdidas, Spotify consiguió fuertes inversiones para continuar su expansión.

No nos cabe duda que la aplicación más grande de streaming musical, conseguirá salir del aprieto que las disqueras le han puesto y que conseguirá expandirse aún más, alcanzando a llegar a los países en los que todavía no ejerce dominio.

Fuentes:

www.lesechos.fr/spotify

www.wikipedia.org/Spotify

# Modelos y Teorías de innovación

¿Cómo innovar según Steve Jobs?

Seguramente ya conoces la historia de Steve Jobs y la creación de su famosa empresa de la manzanita. Incluso puede que hayas leído el libro o la película que salieron póstumas a que nos dejara. Es por eso que no hablaremos de su vida, su historia y su empresa, nosotros abordaremos el qué y más importante el cómo consiguió ser el gran innovador, que ahora todo el mundo recuerda.

Fue el patriarca de la nueva era computacional y prolífico creador de gadgets, dio prueba de que un sueño sólo vale en la medida en que se ve concretado en la realidad. Podemos decir que Jobs te hacía sentir que ser parte de las revoluciones que cambiarían al mundo y entendías que el futuro era posible. Nos hizo soñadores cuando demostró que sus sueños se concretaban.

Según las propias palabras del tecnólogo californiano, el mejor momento para hacer de un negocio el motor de cambio es el "ahora". Jobs hacía que las cosas sucedieran, no se esperaba a que alguien las hiciera por él, y mucho menos dejaba que alguien le ganara en la carreara de innovar.

Algo también muy importante de su forma de trabajar era que legaba a su personal el *Know How*. Es decir, él no tenía que estar para que las cosas se ejecutaran, su gente ya sabía qué y cómo hacer las cosas, qué se tenían que hacer.

La aportación de Jobs consiste en el concepto íntegro de Apple, la marca más prestigiada de computadoras de lujo y alto rendimiento, donde la innovación no es un valor, sino la esencia de la marca en sí. Apple lo que vendía no sólo eran iPods, iPhones, iPads, etc. lo que Apple vendía eran Ideas, Innovaciones e Inspiraciones.

Lo importante de tener un iProduct es ser diferente, marcar la tendencia hacia adelante, hacia al futuro o al menos eso era lo que para Steve Jobs representaba. Él no quería integrarse al Status Quo de la sociedad, ¡No! él quería ser EL Status Quo de la sociedad.

La visión de negocio del inventor de Apple ha impulsado el desarrollo de nuevos esquemas para la era digital y la interactividad empresarial. Pero algo que hay que tener bien en claro es que, el sueño de Jobs no podía realizarse con un modelo tradicional de negocio, por algo es ejemplo de innovación.

# CAPÍTULO XIII
## Paso IV: PRODUCCIÓN

*"No tengas miedo de renunciar a lo bueno por perseguir lo grandioso"*

*–John D. Rockefeller, fundador y presidente de Standar Oil compañía dueña del 90% de la industria petrolera de EUA*

Ya pasamos por la Situación que es donde observas la realidad, estás con los ojos "bien abiertos" y las orejas "bien paradas" para escuchar lo que dice el mercado, los clientes, la sociedad en general y ahí sacar buenísimas ideas al respecto de la innovación que hay. En Novedad buscas cómo hacer diferente con respecto a tus posibles competidores esa idea que tienes. Dentro de Acción DESARROLLAS, generas esa innovación por fin: haces tus pruebas y errores, recorres el camino de hacer posible esa innovación, te ocupas del establecimiento de la parte ejecutiva en cuestión de visión, cómo vas a hacer eficiente y eficaz la parte de la producción.

¡Excelente! Ya llegamos a la última letra del programa SNAP, que le corresponde a Producción. La Producción es muy importante una vez que ya traemos una curva de aprendizaje, información de las áreas de oportunidad, información sobre el comportamiento y reacción del mercado. Aquí es cuando comenzamos a vivir la mejora continua, esta mejora continua es lo que garantiza el éxito de cualquier negocio.

Ahora en la parte de Producción estamos hablando desde que lanzas al mercado tu innovación hasta que la EXPANDES. Globalmente, de ser posible. Es decir, hasta que tu negocio o tu innovación florece como nunca lo habías imaginado.

En Japón existe una palabra que es *kaizen* y significa mejora continua. Yo admiro mucho a Japón por su cultura porque en su población tienen ese "chip" de la mejora continua y siempre están mejorando. Esto es gracias a la historia que les ha tocado vivir, después de la Segunda Guerra Mundial, Japón quedó destrozado y en la devastación, pero gracias a ese *kaizen*, a las iniciativas gubernamentales y privadas, hoy Japón se reconoce como una potencia mundial.

A lo que quiero llegar con el comentario de Japón, es que una empresa aunque le esté yendo bien, siempre tiene que estar comprometida con la mejora continua en su producción y todos los procesos, para garantizar la permanencia y trascendencia de ese negocio.

Cuando las cosas van mal, sin duda debe de ser urgente implementar la mejora continua. Porque la mejora continua va a asegurarnos que mejoremos lo que esté mal, que no quedemos mal con el mercado y por último que garantice el éxito.

## La acción es para estar bien

Cuando hablamos de Innovación SNAP, no hablamos de innovaciones *chiquititas...* sin chiste, o pequeñitas, sino que estamos hablando de grandes innovaciones que hacen cosas maravillosas por cientos o por miles. Es decir, buscamos que la Innovación sea *para estar bien*; para que el Innovador SNAP logre ser un innovador multimillonario.

Eso nosotros lo hemos visto. Yo mismo lo viví en el proceso que seguí, del cual estoy maravillosamente agradecido de poderlo replicar a manera personal. Actualmente nuestros negocios, como **Big River International** e **Ignus International** los seguimos manteniendo. Y no solo eso, sino que ahora enseñamos a las empresas a cómo hacer innovación para estar bien.

Y cuando decimos *"para estar bien"*, hablamos de *estar bien* específicamente en el punto económico. Es decir, para ser Innovadores SNAP multimillonarios, ¡gracias a que la Innovación te da eso! Te da empresas multimillonarias, y te da personas multimillonarias.

Y si hay empresas multimillonarias, todos los trabajadores de esas empresas se verán bien recompensados. Y no nada más eso: también la Sociedad se verá bien recompensada, lo cual es algo por lo que nosotros trabajamos día a día.

Y LAS EMPRESAS **SNAP** TAMBIÉN LO HACEN.

## Estandariza tus procedimientos

La etapa de **P**roducción es cuando, en resumen, la Innovación está floreciendo. Es decir, se está expandiendo a un ritmo ágil y seguro. Así que para que esto sea controlado, la manera maravillosa de hacerlo es a través de la *estandarización de procedimientos y procesos.*

Es decir, buscamos que eso que hiciste por primera vez, dentro de **P**roducción se haga siempre de la misma manera para que siempre se obtenga el mismo resultado. Que no haya sorpresas, que no haya variantes, que no haya errores... ¡QUE NO HAYA ESTUPIDECES, para acabar pronto!

La estandarización de procesos es algo muy importante, puesto que no quieres ahora, en la etapa de Expansión, estar teniendo que arreglar broncas tras bronca: si antes tenías el problema de tres clientes, pues ahora tienes el problema de ¡tres mil clientes!

Las Empresas que han hecho esto durante años saben que la estandarización es la clave del éxito en la etapa de **P**roducción.

## Crea líderes que expandan tu negocio

Así como vas a estandarizar todos tus procesos para que tu innovación sea bien producida, de una manera práctica, efectiva y rentable, también vas a crear líderes que expandan este negocio o tu innovación. Si tus líderes actuales no creen en la innovación, ¡despídelos de inmediato!

Bueno… como decimos nosotros, primero ILUMÍNALOS (dales entrenamiento, coaching, asesoría para que la importancia de esto), y si no entienden, pues ELIMÍNALOS (es decir, ¡los mandas al diablo!). ¿Y por qué eliminarlos? Porque van a estar contaminando al resto del grupo; tú no puedes tener un grupo contaminado que desea y se expande. Cuando tienes un árbol que desea florecer y se infecta de hongos, tiene bichos, ¡pues tú debes de remover a los bichos! Si no, el árbol jamás va a poder crecer.

Lo mismo pasa con los negocios: si tú no remueves a los "bichos" de tu negocio, jamás va a poder florecer, y tú no quieres eso. Tú lo que quieres es que tu Innovación florezca ¡A LO GRANDE!

## Contar con proveedores confiables para la expansión

La otra parte de la etapa de Producción son los Proveedores. Los Proveedores son una extensión de tu negocio; ¡compréndelo de una vez y por todas!

No son empresas en las que tú te "recargas" económicamente, o te los "friegas", o deben aguantarte todo lo que quieras. ¡No!

Ellos son una extensión de tu negocio y como una extensión de tu negocio, si los tratas mal, tu negocio va a ser mal-tratado. Si no les pagas, tu negocio va a sufrir los estragos de que no les pagaste. Si no los capacitas, tu negocio va a sufrir por esa falta de capacitación.

O sea, a tus proveedores debes tratarlos como si fuera a tu negocio mismo. No puede ser de otra manera. Si los tratas como si fuera tu negocio mismo, ellos también van a ser parte de tu Innovación.

Y también aplica lo del punto anterior: ILUMÍNALOS, O ELIMÍNALOS... en caso de ser necesario.

## Monitorear las estadísticas de desempeño

Ahora, en la etapa de **P**roducción, todo debe ser estrictamente monitoreado. Es decir, debes estar monitoreando constantemente qué es lo que está pasando. Y debes observar utilizando Estadísticas de Desempeño. No nada más archivos inmensos de Excel en columnas y en renglones. NO. TODO EN GRÁFICAS. Todo a manera de Estadísticas de Desempeño que logran hacer comprender, en pocos segundos, exactamente cómo va la tendencia de las cosas: cómo va la tendencia de la Calidad, cómo va la tendencia de la Producción, cómo va la tendencia de la Satisfacción del Cliente, de los re-procesos internos, de las Ganancias obtenidas y demás.

Pero todo lo anterior debe ser absolutamente controlado de manera Estadística; todo mundo debe decir la verdad respecto a los datos que se están dando. No puede haber "aparentes" malas interpretaciones o mucho menos signos negativos o de mentira.

Las Estadísticas son lo más importante para poder identificar un negocio floreciente.

## Expande el reconocimiento de tu marca al público en general

¿Y recuerdas que en el Capítulo de **A**cción terminamos con Relaciones Públicas? (bueno, si no te acuerdas, así fue: terminamos con Relaciones Públicas).

Y aquí también ¡VAMOS A TERMINAR CON RELACIONES PÚBLICAS!

Porque lo que tú quieres es que tu Innovación sea conocida a lo grande. Ningún excelente negocio o excelente innovación lo han sido si nada más un par de personas la saben. Las excelentes innovaciones lo han sido gracias a que muchísimas personas las conocen, y a que han logrado que se propague o se disemine el conocimiento de dicha innovación y por lo tanto, sea ampliamente demandada en el mercado.

Así que debes de ocuparte y de garantizar que el Público en general reconozca la Innovación que tú has hecho para poder demandarla o solicitarla, y entonces te ayude EL MISMO PÚBLICO a florecer de una manera increíble como nunca antes lo habías pensado.

# Emprendimiento e Innovación

### Shopeando.mx con Isaúl Gómez, un gran emprendedor:

Uno podría pensar que recaudar dinero como startup en cualquier país Latinoamericano, es una hazaña no difícil, sino imposible. Pero la realidad es otra y es que el mundo de startups en México está sufriendo cambios positivos de fondo.

Cada vez es más común ver nuevos emprendimientos, aspirando a ser los próximos Facebook, Google o Amazon de Latinoamérica. Lo interesante es que algunos de ellos están haciendo las cosas de manera correcta, a pesar de los problemas para iniciar el vuelo con los que se ve toda startup.

Un caso en concreto, fue al chavo que se le ocurrió crear Shopeando.mx. Demostrando que para ser Innovador sólo hace falta creer que sí lo podemos hacer.

En palabras de Isaúl Gómez: "Opté por renunciar a la estabilidad de mi trabajo, decidí Innovar creyendo que todo sería fácil, pronto me topé con que no era así".

A Isaúl se le ocurrió la idea, cuando tuvo un compañero chino cuyo padre había hecho una buena fortuna vendiendo toda clase de "made in china" ¡En México! Lo que Isaúl quiso hacer fue llegarle a ese mismo mercado, pero ofreciendo productos de calidad y con garantía.

Trabajó en diversas compañías relacionadas con el comercio y la logística. "Entonces decidí renunciar a la estabilidad e Innovar algo que pudiera satisfacer las necesidades de la clase media", dice Isaúl. El sitio web que él maneja lo inició con sus propios recursos, pero se dio cuenta que necesitaba recaudar más fondos y se topó con un evento de una reconocida aceleradora.

Shoppeando es un e-commerce de productos de alta calidad pero a un menor precio, se ha enfrentado con varios retos durante este tiempo de lanzarse como startup. Su principal conflicto fue encontrar un nicho de mercado y que sus primeros clientes confiaran tanto en sus productos como en sus servicios. De igual forma, tener que enfrentar problemas de inversión, llegando a un punto de no tener dinero para seguir operando.

Hoy en día son el primer y más grande sitio de compras online de Latinoamérica, especializado en la venta de productos directos de fabricante y tienen presencia en EUA, China y México.

La motivación en palabras de Isaúl *"Lo que le da sabor a esto de Innovar, es lo complicado. Si no te toparas con estos retos; sería aburrido y cualquiera lo haría"*

Si quieres conocer más sobre Shopeando.mx o el futuro de los startups en México y Latinoámerica, no dejes de leer: www.forbes.com.mx/una-historia-de-exito-mexicano

O visita: www.shopeando.mx/ para que veas lo increíble que está el sitio y lo mucho que puedes encontrar en él.

### Netflix:

A pesar de haber sido fundada en la última década del siglo pasado, su verdadero boom que la llevado a tener un crecimiento exponencial de manera tremenda, tuvo lugar en la última década.

Actualmente la empresa está valuada en $25.5 mil millones de dólares, ha sido considerada por Forbes como la 27° empresa de innovación, está también en la lista de Global 2000, mejores empleadores de América.

Cuenta con más de 69.17 millones de subscritores, en 40 países (números que siguen al alza) y más de 40 series propias. Además de que tan sólo en el 2009 ofrecía más de 100,000 títulos.

La compañía fue fundada por Marc Randolph y Wilmot Reed, el 29 de Agosto de 1997 con oficinas centrales en Los Gatos, CA.

Netflix opera con una subscripción mensual vía Internet, ofrece los servicios de streaming tanto para películas como para series de televisión. También envía DVD's por mail. La compañía opera bajo tres conceptos: Streaming doméstico, streaming internacional y DVD.

Además de que Netflix obtiene su contenido de varios estudios y otros contenidos gracias a licencias, acuerdos para compartir contenido y pago directo.

Analizaremos dos de las razones por las que Netflix es y seguramente seguirá siendo una gran compañía:

1. Netflix está en un mercado con mucho, mucho potencial de crecimiento. El streaming se está volviendo en parte de la vida y cultura al menos de occidente y esta tendencia parece seguir así con las mejoras a internet que se van viendo día a día. La sociedad parece tener un insaciable deseo por entretenimiento, haciendo una oportunidad única para el mercado que cada vez se expande más y más. Además Netflix ha sabido expandirse para tratar de cubrir todos esos deseos de entretenimiento, ya no sólo por películas sino también por series, y se rumora que hasta planea lanzar su noticiero.

2. El liderazgo y supremacía de Netflix parece ser algo que encanta al consumidor; pera también que Netflix ha tomado las decisiones correctas para llegar a ser líder del mercado, aun cuando ha sido criticado por tomas de decisiones muy precipitadas o cambios en la forma de venderse. Pero sin duda alguna le ha dado resultados y Netflix es una empresa que sigue creciendo y que ha adoptado una postura defensiva.

Hay muchas cosas que podemos rescatar de este gigante del streaming, que parece ser que no le teme a nada (por ejemplo cambiar todo su mercado de DVD´s por streaming), y no ha dejado de innovar y extenderse, tiene planes de llegar a otros países y seguramente esos planes los tiene en mente porque sabe que será recibido con los brazos bien abiertos.

Fuentes:

www.forbes.com/companies/netflix/

www.forbes.com/netflix-the-turnaround

## Snapchat:

Snapchat fue creado en 2010 por Brown, Whatsong y Spiegel como proyecto para una de sus clases de Stanford. Originalmente comenzó con el nombre de "Picaboo" para publicar fotos y destruirlas rápidamente para que nadie más las viera. Más tarde decidieron contar con Murphy para codificar la aplicación.

Cuando Spiegel mostró, en abril de 2011, dicha aplicación como proyecto final para su clase de diseño de productos, sus compañeros se opusieron a la idea de las fotos no permanentes. Nadie pensaba que semejante idea tendría un rotundo éxito.

Pero a los usuarios pareció encantarles la idea, pues en mayo de 2012, se mandaban 25 imágenes por segundo y para noviembre de ese mismo año ya se habían compartido más de un millón de fotografías a través de la aplicación iOS de Snapchat. Dicha aplicación comenzó a distribuirse para Android el 29 de noviembre de 2012.

En noviembre de 2013 Facebook intentó comprar Snapchat por un monto de 3000 millones de dólares, monto superior a los ingresos generados por la aplicación en ese momento. Sin embargo e inteligentemente sus creadores veían un gran potencial en ella por lo que decidieron rechazar esta oferta.

Tan acertada fue su decisión que estos jóvenes emprendedores son considerados de los más ricos estadounidenses.

Evan Spiegel de 25 años y Bobby Murphy de 27, se encuentran en la lista de los 400 americanos más ricos de Forbes 2015.

Spiegel, quien vive en Los Ángeles, es el millonario más joven del mundo y está en la posición 327 de la lista de Forbes con una fortuna de $2.1 mil millones de dólares.

Murphy, quien vive en Venice, California, es el número 375 con $1.8 mil millones de dólares a su cuenta.

Estos son los diseñadores, que se conocieron en Stanford, de la app de fotos momentáneas que fue valuada en $19 mil millones de dólares según algunos inversionistas. Esto hace a Snapchat la tercera tech-startup más valiosa que no bombardea con publicidad.

Cuando se anunció que Snapchat estaba valuada en $19 mil millones de dólares, la primer pregunta que naturalmente surge sería la siguiente "¿$19 mil millones de dólares por una app que manda fotos que más tarde desaparecen?" o en otras palabras: "¿Todo este dinero para una estúpida aplicación que los adolescentes usan de canal para platicar con sus amigos?". Pero sea cual sea la pregunta la respuesta es un rotundo sí.

Es sorprendente sin duda alguna el mucho valor que llegan a adquirir las redes sociales, apps y demás tecnologías de la información, que pueden convertir una idea tan simple y efímera, como tomar fotos para que luego desaparezcan, en una idea millonaria. Snapchat no hace más que demostrarnos que uno no sabe qué tan lejos llegarán nuestras más sencillas ideas.

Fuentes:

www.cnn.com/billionaire-snapchat-founders

Aquí dejamos el artículo de fortune, el cual contiene un interesante video: www.fortune.com/snapchat-worth-19-billion-more/

# Modelos y Teorías de innovación

### Innovar un negocio... para DUMMIES

De la ya famosa serie de "para Dummies" encontramos un título para la situación, "Innovar un negocio".

Todos sabemos que montar tu propia empresa no es en absoluto una tarea fácil, pero pocos saben de la satisfacción de sacar adelante una iniciativa personal y triunfar en el mundo de los negocios, que eso vale siempre la pena.

Sin embargo, debes tener una buena base para empezar: redactar el plan de negocio, analizar las necesidades del mercado, cumplir con la legislación vigente, conocer qué ofrece la competencia, ser consciente de los puntos fuertes y de las debilidades del sector y muchos otros parámetros.

Los emprendedores enfrentan decisiones difíciles todos los días, se enfrentan a decisiones en torno a cómo evalúan las oportunidades, cómo toman decisiones de entrada, cómo van a aprovechar esas oportunidades y cómo las convertirán en salidas.

Cada dueño de un nuevo negocio debe buscar dentro de sí para tomar las decisiones difíciles y algunos emprendedores podrían descubrir que sus espíritus se interponen entre ellos y la decisión correcta en un momento importante

Los emprendedores tienden a ser excesivamente más optimistas que los directores generales en las organizaciones. Muchos de ellos sobreestiman su capacidad de ser buenos para predecir el futuro, generalizan en exceso la información, tienden a poner un gran énfasis en sus propias habilidades frente a los factores externos, son propensos a la expansión de sus organizaciones a pesar de retroalimentación negativa del mercado y son también propensos a manifestar un exceso de confianza.

Estos rasgos pueden ser positivos: los emprendedores encuentran energía para hacer el trabajo duro y se vuelven implacables en su búsqueda del éxito. El lado oscuro es que tienden a aferrarse más a una empresa perdedora al creer que habrá un cambio en la marea y que al final saldrán victoriosos.

Otro común denominador en los emprendedores, son los tres momentos al iniciar el negocio, vamos a hablar de ellas y a analizarlas.

**Contemplación** (sueñas con lo que puede llegar a ser). Posiblemente la decisión más importante que un Innovador o un profesional de los negocios puede tomar es si poner o no en marcha ese nuevo negocio que tiene en mente.

Antes de siquiera pensar en iniciar un negocio hay que reconocer una necesidad de lo que sea que estés vendiendo y esto ocurre en la etapa de contemplación. Ya sea tomando una copa con tus amigos, platicando con algún colega en el trabajo o simplemente pensando en lo que los consumidores parecen querer o necesitar, la idea se presenta y no te la puedes sacar de la cabeza.

También piensas en cómo sería tu vida, cómo cambiaría si persigues tu idea.

**Preparación** (Si tuviera que hacerlo, ¿cómo se vería? ¿Cómo funcionaría?). Aquí es donde se sientan las bases para una nueva empresa. Inviertes esfuerzo y sudor en averiguar la logística que implica abrir un nuevo negocio. ¿Cómo es el mercado? ¿Hay fondos disponibles? ¿Quién es la competencia y cómo puedes superarla? ¿Necesitas un cofundador?

Entusiasmo y confianza ilimitados son las marcas de muchos emprendedores que alcanzaron fama pública y riqueza, pero enfrentar la dura realidad y hacer un verdadero análisis de ti mismo es esencial en la preparación.

Los buenos emprendedores estarán rechazando sus propias ideas casi tanto como optarán por saltar al vacío que implica abrir su negocio.

Éste puede ser el último momento en que puedes oprimir el botón de cancelar relativamente sin dolor, así que haz tu mejor autocrítica. "Un buen plan no va a salvar una mala idea."

**Experimentación/Ejecución** (Abandonas la teoría y te aventuras a la práctica). Podrías iniciar un emprendimiento de una manera pequeña, manteniendo otras fuentes de ingresos para no perderlo todo en caso de que el nuevo emprendimiento no tenga éxito.

Éste es también el escenario donde es posible hacer pruebas beta de tu producto desarrollado en mercados limitados.

En esta etapa también debes ser híper-crítico de tu empresa: ¿Qué necesita ajustarse? ¿Pueden ciertos errores arreglarse? ¿Todos los cálculos realizados durante la etapa de planeación resultaron acertados en la ejecución? A estas alturas te estás jugando la vida. Actúa en consecuencia.

Estos son algunos tips que deberías tener en cuenta antes de aventurarte, la idea aquí es que tengas un panorama general de las etapas o momentos por los que -y si decides hacerlo- tendrás que pasar.

# SECCIÓN CUATRO

## El Innovador Empresario

# CAPÍTULO XIV
## Maneja Inteligentemente el dinero

*"Creatividad es pensar en nuevas ideas. Innovación es hacer cosas nuevas"*

*Theodore Levitt*

En este punto, tú ya pasaste por las dos primeras fases más importantes del modelo de Innovación SNAP.

La Primera, que es el Pensamiento del Innovador SNAP (o Pensamiento del Innovador empoderado) que te ha llevado a quitar muchos paradigmas o ideas limitantes que posiblemente tenías no nada más respecto a la innovación sino también de tu vida personal.

Y también ya has pasado por el Modelo de Innovación SNAP, que comprende cuatro pasos fundamentales: **S**ituación, **N**ovedad, **A**cción, y **P**roducción. Y habiendo pasado por el modelo completo, seguramente ahora te encuentras (si hiciste bien todo lo que nosotros recomendamos, por supuesto) siendo beneficiado de todo el trabajo que realizaste y obteniendo grandes ganancias, puesto que pusiste en marcha la **P**roducción de tu innovación.

Al haber estudiado docenas de modelos de Innovación, al tener una Maestría en Dirección Estratégica y Gestión de la Innovación, pero sobre todo al haber tenido ya más de 25 años de experiencia laboral (y muchísima de ella enfocada en la Mejora de Procesos y creación de Desarrollos Tecnológicos y su comercialización) yo he encontrado que muchos gurús y expertos de la Innovación se quedan mucho en las teorías innovadoras. Otro gran grupo se queda exclusivamente en la idea creativa de la Innovación. Y eso es bueno, porque nos abre mucho el contexto.

Nosotros, sin embargo, nos hemos enfocado en la **A**plicación o ejecución de la Innovación, abarcando también, por supuesto, las Teorías de la Innovación y la idea creativa, que no es nada pequeño. Sin embargo, esa idea creativa es, prácticamente, parte de **N**ovedad, y esas Teorías es importante saberlas también para **S**ituación y **N**ovedad. Pero ninguna de ellas tendría sentido si no hubiéramos agregado los pasos de **A**cción y **P**roducción. Por eso es que el Modelo de Innovación **SNAP** es un modelo tan completo.

Ahora bien, al haber hecho tú excelentemente bien tu trabajo con nuestro modelo, ahora ya te encuentras disfrutando de grandes beneficios, como pueden ser las Regalías de tu Innovación (si tú lo que hiciste fue licenciarla a empresas nacionales o internacionales), o quizás la Venta de dicha Patente o marca, o del Secreto Industrial, con lo que ya te encuentras tú dentro de la lista de los millonarios o multimillonarios de tu país. O quizás tú mismo estás produciendo tu Innovación, y precisamente como nadie o muy poca gente hace Innovación, pues precisamente te encuentras disfrutando los beneficios de ella.

Aquí el consejo más importante es que debes de cuidar muchísimo el manejo inteligente del dinero que te llega. ¿Y por qué comentamos esto? Bueno, pues porque hemos visto también casos en los que, como versa el dicho, *"aquel que nunca ha llegado a tener y de pronto tiene, loco se quiere volver"*. ¡Lo que nosotros queremos es que NO te vuelvas loco, por supuesto! Queremos que seas una gente inteligente, una gente sensata, y sobre todo que tengas en cuenta que ese dinero que estás generando gracias a tu Innovación sirve también para otras cosas además por supuesto de darte una buena vida.

Dentro de estas cosas para las que sirve es, obvio, para generar más innovaciones que beneficien a un mayor número de personas. Para mejorar tu Equipo de trabajo, o Laboratorio o Empresa, y con esto, tus colaboradores puedan tener mejores instalaciones de trabajo. O para mejorar tus procedimientos y equipos, para que con esto tus siguientes innovaciones puedan ser más ágiles, más confiables, más rentables, más seguras, de un mayor alcance o de alcance mundial.

O también, para darle una mejor vida a tus colaboradores, darles parte (algún tipo de acciones), o bonos, o llevártelos a un Crucero como incentivo o reconocimiento, o inclusive ayudar a otras Organizaciones que van en camino, pero que todavía no han llegado a la Meta.

Finalmente, el Dinero no es la razón de vivir, pero sin él no puedes vivir. Nosotros creemos que el Dinero es una gran bendición, puesto que podemos hacer cosas mucho muy positivas con él, aumenta el nivel socioeconómico de la región, de tu colonia, de tu empresa, o al menos de tu familia o de ti mismo.

Entonces, debemos de ser muy congruentes y muy astutos con el manejo del dinero. No vayas a hacer tonterías con él, no vayas a hacer cosas extravagantes, que luego al final del tiempo caigas como muchos que he visto, que se vuelven multimillonarios de la noche a la mañana y de pronto también, así como lo ganaron lo dejaron ir. O bueno, muchas veces lo dejan ir muchísimo más rápido que como lo ganaron.

Sé consciente. Fórmate en el manejo inteligente del dinero. Inviértelo. Ten una vida agradable, pero frugal, y te aseguro que vas a estar muuuy bien por el resto de tus días, además de poder ayudar a muchísimas personas que también estarán increíblemente Bien.

# Emprendimiento e Innovación

### Be-xoo:

¿Comer insectos?.. puede que la idea te parezca desagradable o al contrario, que sea algo que hayas practicado y hasta te gusta. Lo que no podemos negar es que es algo fuera de un platillo común.

Pues una compañía no sólo se dedica a la venta de insectos, sino que los vende como ¡platillo gourmet! Y ha tenido tanto éxito que ya comienza su comercialización en el extranjero.

Be-xoo suministra desde sal de gusano, escamol, gusano de maguey, chinicuil, chapulín, hasta alacrán.

Es una empresa hecha y derecha, tienen bien planteado qué pretenden hacer y al parecer tienen muy bien la idea de cómo lo van a lograr.

Su propósito es innovar la industria alimentaria de alta calidad ofreciendo una experiencia gourmet a quienes deseen conocer la cocina prehispánica mexicana basada en insectos.

También desde su fundación se plantearon el fomento y aumento del consumo de insectos, enfocándose principalmente en su sabor (así es, en el sabor), contenido nutrimental, calidad gourmet y origen prehispánico.

Como si fuera poco buscan consolidarse como la marca mexicana líder en innovación y desarrollo de alimentos hechos con insectos comestibles de alta calidad, y no es que tengan poca competencia, en México existen varias casas que se encargan de preparar alimentos a base de insectos. En su página aseguran, que pueden ofrecer un producto que satisfaga los gustos más exigentes y de alta calidad, así como también aseguran a sus clientes (quienes distribuyen y venden el producto) un margen de utilidad del 50%, 100% y hasta 150%. Algo muy llamativo para ser venta de alimentos.

También hablan de la exclusividad del producto debido a que la producción de estos alimentos es limitada a unas cuantas toneladas a nivel nacional.

Sus productos tienen el grado gourmet, debido a que son de carácter único, origen exótico, procesamiento particular y artesanal, oferta limitada y canal de distribución diferenciado.

Tal parece ser que ellos han sabido dar en el clavo, ya que han logrado transformar la idea de un alimento, que para algunos puede parecer desagradable, en toda una experiencia culinaria de nivel gourmet.

Y al parecer esta idea ha tenido bastante aceptación y éxito, pues pretenden exportar la distribución a granel y de sus productos derivados en Europa y Sudamérica.

Te invitamos a que entres a su página web en: www.be-xoo.com

### El buscador más famoso de la historia, Google:

No cabe duda que se ha vuelto parte natural de nuestras vidas y de nuestra cultura. Tan es así que ya tenemos un verbo para definir la acción de buscar en él.

Así que hablaremos del algoritmo de búsqueda que surgió casi por accidente y de cómo se ha vuelto una de las empresas y marcas más valiosas de los tiempos contemporáneos.

No pondremos toda su historia, sólo lo más destacado de ella. Pero si te interesa saber todo acerca de Google y sus fundadores Sergey Brin y Larry Page, te invitamos a que la consultes en su página oficial: www.google.com/historia

Después de haber estado estudiando su PhD en Stanford, estos jóvenes deciden registrar su buscador como Google.com el 4 de septiembre de 1998.

El nombre, que utiliza un juego de palabras basado en el término matemático "gúgol" (el número uno seguido de 100 ceros), refleja el objetivo de Larry y Sergey de organizar una cantidad aparentemente infinita de información en la Web.

En 1998 el co-fundador de SunMicrosystems extiende un cheque de $100,000 (USD) a una entidad que aún no existe que será Google Inc.

Al darse cuenta que la oficina del garaje se queda pequeña, Google se traslada a un nuevo local en el 165 de University Avenue en Palo Alto (California), con una plantilla compuesta únicamente por ocho empleados.

Para el 2000 se lanzan las primeras versiones de Google.com en diez idiomas: alemán, danés, español, finés, francés, italiano, neerlandés, noruego, portugués y sueco. Cosa que es nada comparado con la cantidad de idiomas que manejan actualmente, ya que hoy en día el servicio de búsqueda está disponible en más de 150 idiomas.

El crecimiento monstruoso que ha tenido el buscador ha permitido expandir el mercado y oferta de Google, a pasar de ser un buscador a toda una compañía de informática.

Actualmente ofrece servicios de e-mail, servicio de alojamiento de datos (cloud storage), red social, un sistema operativo para teléfonos y tabletas, un buscador, compró YouTube, entre otras muchas más adquisiciones e innovaciones que tiene este gigante que comenzó como un simple buscador universitario.

Hoy en día es catalogada como la 3era marca más valiosa del mundo (sólo debajo de Apple y Microsoft), se estima que su valor es de $367.6 mil millones de dólares, esto es ocho veces el PIB combinado de China, la Unión Europea y EUA.

Además de que tiene ventas anuales de $65.98 mil millones de dólares con una plantilla de 53,600 empleados (sí, los que iniciaron sólo como 8).

No cabe ni la menor duda que es una empresa que llegó para quedarse, que no ha parado de innovar y que sin duda nos esperan más sorpresas de ella.

Puedes revisar su perfil de Forbes en: www.forbes.com/companies/google/

### Lamborghini:

Y si ya cumpliste tu sueño de ser empresario y millonario, ¿cambiarías el giro de tu empresa por una ofensa que te hicieran? ¿Qué tanto estarías dispuesto a hacer después de que te trataran con la punta del pie y en otra empresa?

Pues este es el caso de Ferruccio Lamborghini quien fundó su compañía de tractores. Así es, Lamborghini inició siendo una empresa encargada de fabricar tractores.

Ferruccio consiguió amasar una gran fortuna antes de su cumpleaños número 50; no le faltaba nada, tenía una gran fortuna. Pero fue una molestia que pasó con uno de sus automóviles Ferrari y una discusión telefónica que tuvo con el dueño, el mismísimo Enzo Ferrari, que decidió cambiar el giro de su compañía y comenzar a vender autos deportivos de lujo.

Así inició trabajando en su proyecto a finales de 1962 y para mayo de 1963 estaba fundando Automobili Ferruccio Lamborghini. Tuvo que comprar un gran terreno en Sant' Ágata, a unos 25 kilómetros de Bologna, donde construyó una gran y super moderna fábrica.

Con la experiencia ganada en su otra compañía, sabía perfectamente cómo lograr su objetivo de manera rápida y certera.

Una de sus técnicas fue poner el edificio central adyacente a la oficina, así podría monitorear constantemente la situación dentro de la fábrica.

Su primer modelo fue lanzado casi inmediatamente, dado que Lamborghini deseaba colocarse en el mercado lo más pronto posible y eligió el Auto Show de Turín en noviembre de 1963. Desde el inicio Ferruccio sabía exactamente lo que quería y esto le permitió contratar a las personas indicadas, para que al momento de presentar su 350 GTV, fuera recordado por lo que era: una obra maestra.

Es así como fue creciendo y mejorando cada vez más Lamborghini, siempre codeándose con su rival Ferrari. Uno de los datos más curiosos es que Ferruccio, era amante de los toros y eso se puede apreciar tanto en la insignia de la marca como en los nombres de sus coches, ya que sus carros son nombrados como famosos toros españoles.

La popularidad, exclusividad y lujo de los Lamborghinis es tal que ya forman parte de la cultura popular, siendo íconos de lujo y extravagancia. Y hasta han aparecido en varias películas.

También sus ventas han ido aumentando al paso de los años y sus mercados más importantes son EUA con un 41% de sus ventas, Alemania con un 31%, Reino Unido con un 9% y Japón con un 8%.

El diseño es algo que apasiona a todo buen conocedor de autos y el ejemplo está en que antes del 2003 se vendían poco más de 400 vehículos al año, después del lanzamiento del Gallardo en 2003, se vendieron 1,305 unidades y su último registro del 2014 marca que se vendieron 2,530 unidades.

Puede que parezca poco, pero viendo la exclusividad de la marca y el precio de un auto, uno se da cuenta que es bastante dinero. Hagamos cuentas, un Lamborghini ronda aproximadamente los $200,000 (USD), eso quiere decir que en el 2014 registraron una ganancia de $506 millones de dólares. Ya viéndolo en perspectiva no es tan poco.

Podemos ver que llega un punto en el que se tiene que elegir cuál será el rumbo que se tomará en la empresa, pero siempre puede haber cambios inesperados y más cuando se tiene la determinación de ser el mejor de la clase. Sólo hace falta paciencia y seguridad en cada paso que se dé.

Fuente: Inicia el recorrido de la historia de Lamborghini en www.lamborghini.com/history

# CAPÍTULO XV
## Nunca olvides tu Innovación

*"La acción no debe ser una reacción sino una creación".*

*Mao Tse-Tung*

Si tú revisas la historia de diferentes innovadores te darás cuenta de varias cosas: primero que nada, vas a encontrar que muy poca gente, en toda la historia de la humanidad, ha sido innovadora. Por eso es que una gran cantidad de gente habla de estos, porque sus acciones han sido grandes acontecimiento, digámoslo así dentro de la Historia.

Y también, otra de las cosas es que muchos grandes innovadores, grandes líderes, cabezas de negocio, solamente crean UNA innovación y fue todo. Es decir, viven de ella, les fue excelentemente bien, dicen *"bueno, ¿para qué preocuparme, para qué desgastarme, para qué sufrirle, para qué volver a trabajar, para qué volver a desvelarme? ¡Mejor vamos viviendo mi innovación perfectamente bien! ¡Con eso me alcanza para una o dos generaciones de mi familia, y listo!"*

En este libro verás que nos hemos dado a la tarea de investigar profundamente durante muchísimo tiempo y de traerte los mejores ejemplos, porque aquí te enterarás también que pocos son los que realmente siguen innovando. Elon Musk es uno de ellos. Es un gran ejemplo positivo. De las personas que NUNCA olvidaron su innovación. Ellos siguieron perfeccionando su innovación, siguieron expandiéndola, siguieron mejorándola, siguieron agregándole cosas, siguieron haciéndola más eficiente, más rentable, más productiva, de mejor alcance, generando beneficios para una mayor cantidad de gente, etc. etc.

Son gente que están comprometidos con su innovación, y no nada más eso, sino que además de estar comprometidos con su innovación generan más innovaciones. ¿Y cómo es que lo logran? Muy fácil: porque ya encontraron el camino, ya lo dominaron, ya lo perfeccionaron. Ya tienen un *Know How* al respecto de cómo innovar.

Y entonces lo que hacen es tener un mundo más agradable, más fácil, donde es más placentera y más rápida la innovación. Es un mundo propicio para ello, aun cuando sea su propio mundo. ¡Es lo mismo que tú debes de hacer! Debes de seguir a grandes líderes como Elon Musk, como Mark Zuckenberg, que a su tiempo han estado perfeccionando su innovación sin cesar.

¿Viste, generaste una innovación, ya dominaste esa parte? ¡Pues ahora es tiempo de perfeccionarla, de mejorarla, de agregarle, de expandirla, de complementarla, de fortalecerla, de convivir con más líderes! Es decir, tú tienes que trabajar por ella para tener un mundo mejor. Nosotros hemos visto, en nuestros diversos Seminarios y Talleres especializados en Innovación que aquellos que se preocupan por estos detalles son empresas que logran un mejor mañana para mucha gente.

Y ESA ES NUESTRA INTENCIÓN PRINCIPAL CON EL MODELO DE INNOVACIÓN **SNAP**.

# Emprendimiento e Innovación

### Wayra

Wayra es una aceleradora para start-ups que inició en América Latina y España en el 2011, como una iniciativa del CE de Europa de Telefónica, José María Álvarez Pallete.

Las start-up reciben fondos, espacio de trabajo y coaching para comenzar y sacar adelante sus proyectos e ideas. En el 2013 había 14 academias Wayra en 12 países de Europa y América Latina, y se planteó la meta de dar apoyo al menos a 350 start-ups entre todas las sedes.

Nos centraremos en Wayra México, y tratamos de recopilar lo más importante que encontramos (principalmente en su página).

Su propósito como toda buena aceleradora, es ayudar a los mejores emprendedores a crecer y formar empresas de éxito, haciendo que sus sueños se materialicen y triunfen.

El programa de aceleración que ofrecen, cubre todo lo que puedas necesitar para llevar a tu empresa a lo más alto. Te dan financiamiento de hasta 50 mil dólares, un espacio de trabajo de gran calidad en alguna de sus academias, acceso a una red global de partners de negocio (esto como hemos vistos en varios casos, es decisivo para que una empresa despegue), mentores y expertos (sabemos que entre más ayuda tengamos mejor será nuestro vuelo), y algo único que ofrecen es la oportunidad de trabajar con los negocios de Telefónica en el mundo.

Todos sabemos que en tecnología nadie tiene la última palabra, y lo hemos visto con empresas que surgen de la nada y llegan a ser todo. También que la próxima revolución digital puede salir desde cualquier lugar. Es por eso que en Wayra buscan apoyar a esa clase de ideas creativas, que puedan tener peso tecnológico en el futuro, y ya sea que den solución a problemas actuales o que creen nuevos mercados, ellos están dispuestos a ayudar.

Por si fuera poco, cada año Wayra México lanza una convocatoria para una nueva generación en la que elige a 10 emprendedores. ¿Te animarías?

Para ser seleccionado, tu proyecto debe implicar una nueva idea de negocio con un importante componente de innovación y uso de nuevas tecnologías, y que encaje preferentemente en alguna de las siguientes categorías: video, servicios cloud, servicios financieros, futuras comunicaciones, modelado de usuario, M2M (machine-to-machine), seguridad, e-health, aplicaciones móviles y juegos, red, sistemas, servicios al consumidos por internet, innovación social, e-commerce y servicios de localización.

Pero tranquilo, las categorías no son limitativas, por lo que puedes presentar otro proyecto que tenga un componente de innovación tecnológica, aunque no encaje dentro de ninguna de estas categorías.

El objetivo de esta aceleradora, es impulsar la innovación tecnológica en México, así que si tienes una idea extraordinaria, innovadora, fuera de lo común y tecnológica, no dudes en acercarte a Wayra México y estar al pendiente de su próxima convocatoria. ¡Suerte!

Más información en www.wayra.co/mx

**Waze y la compra de Google:**

Waze es una aplicación para conectar conductores de una misma localidad, creando una comunidad de conductores, mejorar su calidad de manejo del día a día. Con esta app se pretende evitar el fastidio de estar atorado en el tráfico, evitar a algún oficial de tránsito o ahorrarse tiempo con algún atajo que pueda compartir otro usuario y del que nunca supiste.

En el 2006, en un proyecto comunitario liderado por Ehud Shabtai, surgió la idea de "Free Map Israel". El objetivo era crear, en conjunto con la comunidad de usuarios, de manera digital y de libre acceso, un mapa de Israel, asegurando su libre uso, actualización y distribución, sin fines de lucro, en el que los usuarios actualizaran información sobre Israel y principalmente del tráfico vehicular.

El proyecto parecía tener muy buena aceptación y en 2008, se decidió cambiar el nombre, poniendo en su página web: "Tenemos un nuevo nombre y dirección. De ahora en adelante, nos llamaremos Waze". No era una empresa muy grande, pero ya eran considerados una buena start-up, con una plantilla de 80 trabajadores, 70 en Raanana, Israel y 10 en Palo Alto, California

Para el 2010 consiguieron recaudar $25 millones en fondos. Y al años siguiente, juntaron otros $30 millones, con el plan de iniciar poniendo publicidad y expandirse a Asia.

Fue tan innovadora e interesante la aplicación, que ha obtenido 3 patentes en EUA, principalmente sobre navegación.

Tanta popularidad consiguió, que varias empresas buscaban comprarla, entre ellas Facebook, pero ninguna llegó a un acuerdo. Fue hasta junio del 2013 que Google lo logró, y por $1.3 mil millones de dólares. Así es, lo que comenzó como un proyecto comunitario, terminó siendo una adquisición de tamaño impresionante.

Y según un artículo de Forbes (visitar: www.forbes.com/four-reasons-for-google-to-buy-waze/ ) éstas son las 4 principales razones por las que Google buscó adquirir Waze:

1. El compromiso de Waze con los usuarios.

2. Mantenerla alejada de Facebook y Apple.

3. Waze le da características a Google Maps que no tenía.

4. La popularidad de Waze comienza a subir, contra la de Maps.

Entonces en resumen, Waze se convirtió de un proyecto social a una start-up con mucho poder, que llegó a ser considerada amenaza hasta para el gigante de Google, ¿Quién diría que un pequeño proyecto local terminaría valiendo tanto dinero?

Visita su sitio web para que puedas descubrir más de tan maravillosa y útil aplicación en: www.waze.com/

### Starbucks:

Éste es ejemplo de otra empresa que ha conseguido ser la tendencia, de redefinir el concepto de beber café, llevar a otro nivel una experiencia que a simple vista es muy sencilla, común y cotidiana.

¿Pero qué se puede aprender de la firma de la sirena con dos colas?, ¿Qué tiene para contarnos?

El primer Starbucks abrió en Seattle, el 30 de marzo de 1971, fundado por tres compañeros que se conocieron en la universidad (Jerry Baldwin, Zev Siegl y Gordon Bowker). El propósito de los tres era vender café de alta calidad usando equipos para tostar los granos de café.

En realidad llevaban un crecimiento muy pequeño, de hecho 15 años más tarde de su aparición, en 1986, tenían en total seis tiendas en Seattle y apenas comenzaban a vender expreso.

En 1987, los dueños vendieron la pequeña cadena a uno de sus empleados Howard Schultz (actual CEO), y aquí es donde todo comenzó. Schultz comenzó a expandir la empresa rápidamente y para ese mismo año ya comenzaba a abrir sus primeras tiendas fuera de Seattle. Y dos años más tarde ya tenía en operación 46 establecimientos.

Schultz ha hecho de Starbucks lo que hoy conocemos como Starbucks, la hizo crecer de un simple café de Seattle, a ser la cadena número uno de café en el mundo. Su secreto estuvo en saber qué y cómo vender y ha impulsado programas de diversos tipos.

Su fortuna actual es de $3 mil millones de dólares, cosa que no le fue nada fácil conseguir, ya que a pesar de venir de una familia pobre fue el primero en conseguir un título universitario (el cual consiguió mientras trabajaba) y fue su visión y astucia la que lo hizo comprar una pequeña cafetería y llevarla al éxito.

El reflejo del CEO de Starbucks, lo podemos ver en el valor de ésta, ya que su empresa está valuada en $70.9 mil millones de dólares y con ventas anuales de $17.01 mil millones de dólares, la empresa consiguió el 5to lugar de la lista de Fortune de las empresas más admirables del 2015. Logrando el primer lugar en innovación y gestión de personal.

Actualmente opera en 66 países con cerca de 22,000 tiendas al por menor, y no muestra indicios de bajar su crecimiento.

Y como dijimos no se cansa de innovar y llevar la delantera, ya que el año pasado comenzó a expandir su mercado vendiendo cerveza, vino y creando un menú para comida/cena. Hasta tiene ciertos establecimientos en donde ya se puede pagar y ordenar por móvil e incluso entregas a domicilio.

Conoce más de esta empresa en su perfil de Forbes: www.forbes.com/starbucks o en su página web: www.starbucks.com/

**Las industrias más rentables:**

Esta sección, la dedicaremos a dar una breve pero concisa revisión sobre el futuro de las industrias, cuáles se cree que tendrán más rentabilidad y crecimiento en este año (2016) y también su comparación con el año pasado.

Es muy importante conocer qué rubros de la industria son las que tendrán un mayor crecimiento, por una bien simple razón: ahí es donde vas a vender tu producto, idea o servicio.

Y como la economía estadounidense sigue siendo la más importante del mundo, consideramos analizar cuáles son sus industrias más fuertes.

Se prevé que Tecnología de la Salud sea otra vez el sector más rentable en 2016. Este año los servicios de tecnología superarán a las Finanzas, y tomarán el segundo lugar.

La Tecnología electrónica y de Bienes no duraderos se llevará el cuarto y quinto lugar, respectivamente. Esto no nos debe sorprender tanto, debido al súper-crecimiento que han tenido (y siguen teniendo) cadenas comerciales como Wal-Mart.

Sorprendentemente, se prevé que tanto los minerales energéticos como los no energéticos se recuperen después de un año tan difícil para este rubro como fue el 2015. Estos sectores que han sido masacrados por el desplome de los precios de los energéticos y las materias primas parece que volverán a la escena mundial.

Dentro de los amplios sectores mencionados anteriormente, Salud, Tecnología y Finanzas aún se destacan. Y por ejemplo, Biotech, las compañías farmacéuticas —genéricas y principales— se encuentra entre los 10 primeros de estas subcategorías.

Podemos concluir varias cosas de este pequeño análisis: por ejemplo, se observa que el futuro es inminentemente tecnológico, no debería sorprendernos que del top 5, 3 rubros estén íntimamente relacionados con tecnología.

Pero ojo aquí, estas estipulaciones no son definitivas, ya hemos visto cómo la aparición de una nueva tecnología logra robarse un marcado completo. Ejemplos tenemos de sobra, apps, electrodomésticos, gadgets, etc., están aquí para quedarse y son todas estas grandes ideas e innovaciones las que pueden darle un giro a esta tabla.

Y no sólo las nuevas tecnologías, también las tendencias; quién iba a imaginar que vender café iba a convertirse en un increíble negocio y que iba a marcar la tendencia de casi una generación completa.

La idea de presentar estos datos, es para que tengas un panorama más claro de dónde se ve que habrá más inversión y crecimiento, pero no debe ser limitante para tu innovación. Es sólo una guía, tú decides por cuál camino ir y cómo tomarlo. ¡Adelante!

Para que tengas una mejor idea y entendimiento del texto, te invitamos a ver el gráfico interactivo en: www.graphiq.com/most-profitable-sectors-2016

# CAPÍTULO XVI
## Los hábitos del Innovador SNAP

*"Un líder es un repartidor de esperanza".*

*–Napoleón Bonaparte, emperador y conquistador francés.*

Dentro de este último capítulo, te voy a compartir los hábitos que un Innovador SNAP debe de tener y nunca debe de olvidar. Es importante tomarlos en cuenta, porque muchas veces nos está yendo bien y dejamos de hacer cosas que al inicio hacíamos, y esto significa un gran riesgo para la compañía. Por eso aquí vamos a ver una serie de hábitos positivos que debemos hacer parte de nuestros días, semanas, meses, años y de toda nuestra vida.

A continuación te muestro los hábitos que todo Innovador SNAP debe de tener, y debe de trabajarlos.

Al inicio de este Capítulo, hemos hablado algo al respecto de hábitos, pero esos hábitos son especialmente dedicados o enfocados hacia el Pensamiento Innovador **ANTES** de aplicar el modelo de Innovación SNAP. Ahora te voy a compartir aquellos hábitos que vienen **DESPUÉS** de haber sido exitoso con tu modelo de Innovación.

Estos son muy importantes y los hemos venido perfeccionando a lo largo de los años puesto que han dado resultados maravillosos a toda la gente. Así que prepárate porque esta es la última fase en la que el Innovador SNAP se forja o se consolida de una manera definitiva.

## El hábito de tener grandes innovaciones

Como lo comentamos anteriormente (tal vez un poco aprisa) es fundamental que tú te vuelvas un Innovador. Ahora que tú ya tienes la conciencia, la lógica, el conocimiento, el Saber hacer respecto a innovar, es tu responsabilidad hacer cosas positivas con él. ¡No te vayas a quedar con él! Eso se llama Avaricia.

No queremos que la gente se quede nada más con el conocimiento sino que lo pueda compartir, pueda multiplicarlo con más gente para que cada vez tengamos un mundo mejor. Si tú quieres, un mundo personal, un mundo familiar, un mundo organizacional, o quizás una mejor sociedad en tu condado o en tu ciudad.

El hábito de tener grandes innovaciones, verdaderamente, es algo muy positivo. La gente que se encuentra dominando el conocimiento, que se encuentra trabajando con él, que se encuentra compartiéndolo, es gente más feliz. Está cien por ciento demostrado, en cientos de estudios. Y nosotros lo que queremos a nivel de Filosofía Organizacional, dentro de nuestras empresas como Ignius y Big River es construir un mejor lugar donde vivir para las personas.

Y sabemos que mientras estemos mejor formados, mientras estemos mejor capacitados y más conscientes, así lo tendremos. Así que ten el hábito de estar pensando constantemente: mantendrá tu mente bien ocupada, pero sobre todo darás grandes bienes o cosas muy positivas a la sociedad y al resto de los seres humanos.

## El hábito de no perder el tiempo en estupideces

De manera personal he experimentado la obsesión muy positiva de no perder el tiempo en estupideces. Yo creo que la vida es un privilegio. No es simplemente que venimos al mundo y el mundo es negativo, sino que es un privilegio poder estar aquí. Venimos por una razón increíblemente importante aunque mucha gente todavía no la descubra; pero así es, es una razón sumamente importante. Y necesitamos utilizar bien el tiempo.

Claro, es importante divertirnos, es importante gozar, es importante pasárnosla bien. Y así como es importante todo eso, también es importante no perder el tiempo en estupideces. Fórmate, capacítate en cómo administrar el tiempo. Suscríbete a la página de IgniusTV en You Tube y verás que ahí hay material increíblemente valioso en video, que puedes revisar una y otra vez.

Y al hacer esto con tu tiempo, te aseguro que tendrás más y de mayor calidad para pasarlo con tus seres que más amas. O haciendo las cosas que más disfrutas, o trabajando en aquello que más gozas. Es muy importante que nunca pierdas de vista la importancia del tiempo, pues tu vida está medida en minutos, y cada minuto que vivas en estupideces es algo que nunca vas a recuperar.

## El hábito de hacer las cosas con la mejor calidad

Tienes que acostumbrarte a hacer las cosas bien y a la primera. Entiéndelo bien: SIEMPRE LAS COSAS BIEN Y A LA PRIMERA.

No vayas a ser como muchísima gente vaga, que merodea nada más en el mundo haciendo "alguna" de las cosas que tiene que hacer y sin poner atención a los detalles.

No sabes cómo me crispa a mí el que las personas no hagan bien las cosas.

Porque no es algo que le están haciendo a la Compañía: es algo que se están haciendo a sí mismos. Se están acostumbrando a no hacer las cosas bien, a no hacerlas rápido, a no hacerlas eficientemente, a no hacerlas con calidad, a no hacerlas con detalle, a no garantizar la calidad de cada uno de los elementos o de cada uno de los pasos que deben de seguir.

Es necesario que, si no sabes, pues aprendas a hacer las cosas Bien, y a la Primera. Y no solo eso, sino que también formes (en el sentido de la capacitación) a todas las personas a tu alrededor para hacer las cosas bien y a la primera.

# El hábito de tener la mayor utilidad

En los negocios, esto es algo que todos debieran de tener. Y digo *debieran* de tener este hábito porque la realidad es que muchas empresas no lo tienen. Muchas empresas simplemente se enfocan en las Ventas y piensan que al aumentar las ventas van a tener mayores utilidades. Y de alguna manera matemática esto es cierto.

Sin embargo puedes tener muchísimas ventas (digamos... de cien millones de dólares) con un cinco por ciento de utilidad, lo cual te da cinco millones de utilidad, que no está nada mal. Pero muchos dicen: *"bueno, ¡vamos a vender quinientos millones de dólares ahora, lo cual nos va a dar 25% de Utilidad!"* Pero aquí lo que estamos hablando es de que tengas el hábito de cómo crecer, además de tus ventas, tu Utilidad.

Entonces, al rato tú te puedes encontrar que con doscientos cincuenta millones de dólares (la mitad de lo que estamos planteando) si tú aumentas tu Utilidad al 10% podrás tener tus 25 millones de dólares de utilidad, como tal. Ahora bien, mucha gente dice que *"¡claro! ¡eso sería maravilloso, y a mí me gustaría que nada más diera un aplauso y se diera eso!"*, pero no es así. ¡Y de verdad, no es así! ¡Sería una tontería pensarlo de esa manera!

Aquí el tema es que mucha gente piensa que la única forma de aumentar su Utilidad es aumentando sus ventas ¡y no es cierto! Nosotros nos dedicamos a eso y lo vemos a cada rato. Así que te voy a regalar algunas fórmulas.

¿Qué tal dar más valor en lo que tú haces y puedas aumentar tu precio?

O, ¿qué tal desarrollar a tus proveedores para que ellos sepan cómo ganar mejor Utilidad y que te puedan bajar el precio?

O, ¿qué tal que tú aprendas a tener insumos más económicos pero que no redunden en una reducción de la calidad de tu producto o de tu servicio?

O, ¿qué tal si automatizas tus procedimientos internos de tal manera que reduzcas o elimines los re-trabajos?

O, ¿qué tal que mejores tus procesos internos de tal manera que ahora, en lugar de hacer todo lo que haces en treinta días lo hagas en quince?, y con eso duplicas la capacidad instalada de tu Organización.

Claro que respecto a muchas de estas ideas (no te estoy dando tooodas las opciones que hay alrededor) mucha gente dice *"Bueno, pero es que eso no es posible. Yo he trabajado en esto durante quince, veinte, treinta años o más, o tal vez por dos o cinco generaciones, etc..."* ¡Los he escuchado cientos de veces! El punto aquí es que tienes que tener el hábito de estar haciendo cosas constantemente, tanto para aumentar tus Ventas, como para aumentar tu Utilidad.

## El hábito de Despedir a la gente que no produzca

Esto lo abordamos de alguna manera desde el comienzo. Desde que estuvimos hablando de la **Acción**. Sin embargo, es muy importante que no lo olvides, y por eso es que lo tomamos como uno de los hábitos más importantes después de la aplicación del Modelo de Innovación SNAP:

DESHAZTE DE LA GENTE QUE NO PRODUZCA.

Hay gente maravillosa, hay amigos entrañables, gente bondadosa por el mundo ¡pero que no produce!

Gente que constantemente distrae a sus compañeros, gente que se la pasa hablando, gente que se la pasa convocando a juntas y reuniones, gente que se la pasa criticando a todos (a los dueños, o al vecino, o al de a lado). Gente que sabe absolutamente todo de las noticias pero no sabe nada de su producto, gente que sabe todo respecto a las Teorías de Innovación y va a los mejores Centros de formación y de Crecimiento Ejecutivo alrededor del mundo ¡pero nunca ha hecho una Innovación!, aunque sepa todo, y se sienta capaz de criticar el trabajo de las otras personas, ¡y bueno..! ya sabes, ¿no? La lista puede seguir de manera interminable.

Pues yo solo te voy a decir una cosa: las personas estamos dentro de las Organizaciones para PRODUCIR. Para entregar Resultados. ¡Punto! **¡SIEMPRE!**

Este debiera ser el cartel número uno que se exhiba en las Organizaciones. Al entrar a trabajar, las personas TRABAJAMOS, no papanateamos, no criticamos, no nos dormimos, no nos la pasamos socializando, no hacemos las cosas lentamente y mal, etc.

Las personas estamos para PRODUCIR, y en la medida que esta lógica sea más consciente en la mente de todos, en esa medida tu Organización será más eficiente. Tú tienes una gran responsabilidad, puesto que si las personas no producen, tienes que hacer lo que ya comentamos antes con la regla de ILUMÍNALO o ELIMÍNALO.

Si no lo haces, Tú estás contribuyendo a la desgracia de tu Organización. ASÍ DE CLARO.

## El hábito de dar seguimiento

Esta palabra de "SEGUIMIENTO" es una de las cosas más importantes que hay en la historia de los buenos negocios, de las buenas invenciones, de los buenos líderes, de los buenos empresarios, de los buenos actores del mundo. El seguimiento es fundamental.

¡Claro! Primero tienes que tener gente que sea inteligente, que sea capaz, que tenga una actitud positiva, creativa, propositiva, constructiva. ¡Pero también tienes que dar seguimiento de vez en cuando! Tienes que estar ahí, tienes que realizar cosas, tienes que llamarlos… ¡tienes qué! Ellos se van a sentir bien al momento en que son llamados para dar seguimiento o son llamados para entregar cuentas. Es algo fundamental en el ser humano.

Así que si no eres bueno en esto o quieres recibir algunos cursos, visita IgniusTV o Big River TV, y verás que hay cientos de videos que te pueden ayudar en esto. Hoy en día no es una justificación el que no tengas conocimiento de eso. Hoy en día, es una negligencia el que no sepas respecto a estos temas.

## El hábito de escuchar al mercado

Como ya lo comenté y hemos seguido mi ejemplo de Innovación (no te puedo dar más ejemplos puesto que son Propiedad Intelectual de las empresas con las que trabajamos), mi primer acercamiento con la innovación aplicada (no teórica) se disparó al escuchar al cliente.

Yo te aseguro que si "paras" las orejas y abres los ojos, es increíble cómo la gente dice, te está diciendo diario qué es lo que quiere o necesita como innovación. ¡Es increíble! Ellos saben perfectamente bien qué es lo que quieren. Lo verbalizan, aunque tal vez no lo reconocen conscientemente de esa manera. Tú lo que tienes que hacer es ESCUCHAR AL MERCADO. Ver al mercado. Es estar atento, no ir como "zombie" por la vida.

Al hacerlo de esa manera, te garantizo que tendrás resultados ¡fabulosos!, y el mercado mismo, la Sociedad misma te estará indicando todas las áreas de oportunidad que hay para la Innovación.

## El hábito de tratar bien a los colaboradores

Por último, sé consciente de algo: tu Innovación ha sido posible gracias a ti, Y GRACIAS AL EQUIPO QUE ESTÁ ALREDEDOR DE TI. No eres tú solo, no eres tú en el mundo, no eres el foco de atención. SON TODOS.

Es fundamental que comprendas esto, puesto que si tú tratas bien a tus colaboradores, los capacitas, los certificas, les das un encaminamiento inicial acorde, les das un seguimiento, haces crecer sus habilidades, te preocupas por su familia, por sus metas, van creciendo, viajan por el mundo observando nuevas tecnologías, ellos van a estar bien, y estás construyendo un mundo maravilloso en el cual no nada más hay cambio para ti sino para ellos y para los que están cerca de ellos, para su familia y su entorno cercano.

Nuestra mejor intención es que el mundo sea un mejor mundo para vivir, basado en lo que tú trabajes, no basado en lo que esperas de los Políticos o de otros actores sociales sobre los cuales no tienes control, sino cien por ciento basado en todas las capacidades que tú tienes y sobre las cuales tienes el control y la posibilidad de cambiarlas.

Hemos visto cambios maravillosos, hemos visto innovaciones increíbles, y hemos visto cómo esas innovaciones, que vienen muchas veces de personas comunes y corrientes, muchas veces sin preparación académica, muchas veces sin haber asistido a las más grandes o más renombradas universidades o los más renombrados centros de investigación nacionales o mundiales, y aún sí, esa gente ha logrado esas innovaciones.

Porque *se han atrevido a hacerlas*. Porque se han atrevido, aunque ellos no lo tenían consciente, a seguir el modelo de Situación, Novedad, Acción y Producción. De no haberlo hecho de esta manera, no existirían estas innovaciones y no existirían los beneficios que ahora, hoy en día, todos gozamos.

Pero tenemos una responsabilidad: somos humanos, y debemos tratarnos bien los unos a los otros. Debemos de tratarnos con respeto, debemos de forjarnos, y debemos de construir un mundo maravilloso JUNTOS.

# Emprendimiento e Innovación

## WhatsApp:

Muy seguramente sabes qué es y para qué funciona esta aplicación. Pero sólo para asegurarnos de que todos estemos en la misma sintonía daremos una breve descripción:

WhatsApp es un juego de palabras basado en la expresión en inglés «What's up?», cuyo significado se asemeja a '¿qué hay?' y la palabra en inglés «App/Application». La empresa creadora de la aplicación, WhatsApp Inc., fue fundada en 2009 por Acton Brain y Jan Koum (quien había llegado como inmigrante ucraniano a Estados Unidos hablando muy poco inglés).

La app de WhatsApp permite mensajería instantánea de pago para teléfonos inteligentes, para enviar y recibir mensajes mediante Internet. Además de utilizar la mensajería en modo texto, los usuarios de la libreta de contacto pueden crear grupos y enviarse mutuamente, imágenes, vídeos y grabaciones de audio.

Ahora que ya estamos todos sintonizados en la misma línea, vamos a ver cómo consiguió financiarse esta idea, cómo creció y por qué Facebook decidió comprarla. Antes de trabajar en Yahoo!, Koum fue rechazado para trabajar en Facebook. Esto como dato curioso, ya que tiempo después será esta empresa quien comprará Whatsapp.

En enero del 2009, después de haber comprado un iPhone, Koum se dio cuenta que App Store, con tan sólo siete meses de ser creada, estaba a punto de abrir todo un nuevo mercado para la industria de las apps.

Tras unas visitas a su amigo Alex Fishman, surgió la idea de "poner estados junto al nombre de la gente"; también fue Fishman le quien presentó Igor Solomennikov, un programador ruso.

Koum con su idea, no tardó en pensar en el nombre y fue así como decidió "WhatsApp" y el 24 de febrero del 2009 fundó WhatsApp Inc. en California, que al inicio, resultó tener varios problemas y fallos en su funcionamiento. En octubre del 2009, Acton consiguió convencer a cinco de sus ex-colegas de Yahoo! Que invirtieran $250,000 dólares en capital semilla en su nueva empresa. Y el primero de noviembre, después de varios meses en estado beta, la aplicación fue lanzada en App-Store para iPhone, dos meses después sacaron la versión para BlackBerry.

La aplicación creció exageradamente rápido, se volvió en un fenómeno global en cuestión de meses, de hecho es considerada como una de las social media con más crecimiento en la historia. Para su primer aniversario ya sobrepasaba la cuenta de 90 millones de suscriptores, cosa espeluznante si consideramos que, por ejemplo Facebook alcanzó a los 60 millones de usuarios hasta su tercer aniversario.

Sin duda esto volvió a WhatsApp en una de las empresas más codiciadas del momento. Pero Koum y Brian jamás imaginaron quién iba a ser su comprador, y muchos menos esperaban ver un mensaje en la bandeja de entrada de Koum con remitente de Mark Zuckerberg. Mark Zuckerberg había comenzado a utilizar WhatsApp y quedó maravillado con la aplicación, invitó a Koum a desayunar y tras una larga charla, el fundador de Facebook aceptó comprar a WhatsApp por $19 mil millones de dólares, entre efectivo, acciones de la empresa y otros.

Esta adquisición es considerada por Forbes, la segunda más grande de la historia. Pero sin duda fue una inversión demasiado inteligente por parte del señor Zuckerberg, ya que, si bien no hay datos concretos se estipula que WhatsApp actualmente vale al menos $32 mil millones de dólares poco menos del doble, pero mucho más de lo que le costó a Mark.

No cabe duda que Zuckerberg ha sabido hacer sus amistades y más importante sus compras.

Fuentes:

www.forbes.com/inside-the-facebook-whatsapp-megadeal

www.whatsapp.com/


**Elon Musk:**

Con una fortuna de $13.1 mil millones de dólares, es catalogado como la 38° persona más poderosa del mundo (Forbes, 2015), el 15° más rico en el ámbito tecnológico (Forbes, 2015) y el 39° millonario de EUA

(Forbes, 2015), además de que tiene de los proyectos más innovadores y socialmente responsables sobre la faz del planeta.

No podríamos hacer un libro de innovación, grandes ideas y millonarios, sin hablar de Elon Musk.

Este hombre nada más es CEO de SpaceX (empresa privada dedicada a viajes espaciales), CEO de Tesla Motors (empresa privada de autos eléctricos súper-deportivos), fundador de SolarCity (empresa que financia proyectos de energía renovable), fundador de PayPal (empresa encargada de la transferencia electrónica de dinero) y fundador de OpenAI (compañía cuya meta es el desarrollo de un software de inteligencia artificial {AI en inglés}).

Hablemos un poco de él y su vida: Musk nació el 28 de junio de 1971 en Pretoria, Sudáfrica. A la edad de 10 inició su gusto por la Programación y él mismo se enseñó a programar en computadora. A los 12 años vendió su primer programa, un videojuego llamado Blastar a una revista por aproximadamente $500 dólares.

A la edad de 19, Musk fue aceptado en la Universidad de Queens en Ontario, y en 1992 después de dos años en la universidad, Musk fue transferido a la Universidad de Pensilvania. A la edad de 24 años recibió su tituló en física, logrando su segundo título con una estadía extra de un año más en la universidad.

En 1995, a la edad de 24 años, Musk se trasladó a California para continuar con su posgrado en física aplicada en la Universidad de Stanford, pero se salió del programa a dos días de haber entrado para seguir con sus sueños en las áreas de internet, energía renovable y viajes espaciales.

Su emprendimiento inició en 1995, cuando él y su hermano, fundaron Zip2 una compañía de software, iniciando con $28 mil dólares de su padre. La compañía desarrollaba una guía ciudadana para la publicidad de los periódicos. En marzo de 1999, Musk co-funda X.com una empresa online de servicios financieros, el dinero de la esta empresa lo consigue de la venta de Zip2 ($10 millones de dólares).

Estos fueron sus inicios, pero en 2001 inicia con SpaceX, empresa que le ha costado mucho dinero (todos sabemos que no es barato lanzar naves al espacio) pero ya ha conseguido sustanciosos contratos con la NASA. Y en 2003 funda Tesla Motors la cual ha tenido un fuerte impacto tanto en la industria automotriz como en la cultura, al ser una industria de baterías y automóviles eléctricos de lujo.

Puedes visitar su perfil en Forbes con el siguiente link, y descubrir más cosas sobre este millonario y visionario: www.forbes.com/profile/elon-musk/

### La patente del bolígrafo:

¿Quién se imaginaría que comprar la patente del bolígrafo a László József Bíró (el inventor del bolígrafo), y al hacerle unas cuantas mejoras a esta invención se generaría una de las empresas más lucrativas y que de hecho sería la vendedora mundial de bolígrafos?

Pues fue Marcel Bich quien concibió esta idea. Él fue un inventor e industrial francés, cofundador de la empresa Bic, la mayor del mundo en la fabricación de bolígrafos, aunque luego fabricó otros objetos.

Entre las mejoras que introdujo al bolígrafo fue que agregó un tubo transparente para que se viera la tinta y con aristas para cogerlo mejor, sobre todo lo fabricó a un bajo precio y luego lo tiró a la basura después de usarlo, lo volvió desechable. Ése fue el rasgo que caracterizó su triunfo.

Después de una buena campaña publicitaria en la que por consejo de la Agencia Francesa de Propaganda suprimió la última letra del apellido, en 1953 lanza el Bic cristal con un éxito sin precedentes. "Se vendía como pan caliente".

Ya para 1954 entraba al mercado italiano, en 1956 había llegado a Brasil, un año después estaba presente en el Reino Unido, Australia y Sudáfrica. En 1958 llegaba a EUA y para 1959 a Escandinavia.

Nadie imagina que el bolígrafo desechable tendría tanto éxito, pero su expansión no cesó ahí, en 1960 llegaba a África y Medio Este y para 1973 ya tenía presencia en Japón y en México. Para 1997 Bic ya estaba instalada en prácticamente todo el mundo, ya para ese entonces tenía presencia en Europa del Este y en la mayor parte de Asia. Los últimos mercados que abrió que abrió, fue en Turquía en el 2006 y en Hungría en el 2009.

Bic no se quedó solamente en la producción de bolígrafos desechables, si bien fue lo que le dio el impulso inicial, la empresa desarrolló más modelos de plumas, colores y lápices para dibujar y colorear, correctores, rastrillos y encendedores, y ya en la era moderna en el 2008 BIC lanza su celular y en el 2012 BIC Education (una Tablet dirigida a la educación).

O regresando a la pregunta inicial, se necesita mucha visión para imaginar que una pequeña patente motivaría a toda una industria de papelería, rompiendo records en las ventas de productos como plumas o bolígrafos.

El valor de BIC se estimaba que en el 2014 era de 1,979 millones de euros (2.15 mil millones de dólares) según el sitio oficial de BIC, el cual muestra también el número de productos BIC que son adquiridos al nivel mundial contando justo después de que uno accede a la página (en tan sólo 5 minutos llegamos a los 450,000 productos, cifra que iba rápidamente en aumento). Puedes verlo con tus propios ojos en: www.bicworld.com/fr

Y para ver más acerca de sus productos e historia te recomendamos acceder a su sitio web: www.bicworld.com/history/

**La patente más rentable de España:**

Tal vez tu giro no sean los negocios, tener una startup o iniciar un negocio de comida rápida, posiblemente tú seas alguien que busca un enfoque más técnico o alguien dedicado a la ciencia, pero aún en las ciencias exactas hay espacio para la innovación y el emprendimiento.

Si no nos crees, veamos el caso de Margarita Salas quien patentó la patente más rentable de España, su patente recibió el registro europeo 90.908.867, a nombre del CSIC (Consejo Superior de Investigaciones Científicas).

La patente 90.908.867, es nada más y nada menos que la proteína DNA polimerasa phi29.

Pero ¿qué demonios es eso y para qué demonios sirve? Bueno la DNA polimerasa phi29 es una enzima (proteína) que ayuda a la replicación de ADN, llevando a cabo el proceso de manera muy rápida. Tiene utilización en PCR´s, que son una técnica que permite la replicación de fragmentos de ADN, para ser estudiados más a detalle.

En términos científicos, su descubrimiento ha multiplicado las posibilidades de observación del ADN, permitiendo su amplificación gracias a una velocidad de copiado sin precedentes.

Las aplicaciones y por ende el mercado son, más que ilimitadas, imprescindibles. Genetistas, biólogos, investigadores forenses o peritos policiales trabajan con muestras de ADN cada día, y no siempre cuentan con la cantidad suficiente. Por eso necesitan copiarlo: para verlo más grande. Además de que requieren tener el copiado lo más rápido posible.

Traduciendo esto a números y si el CSIC mostrase sus libros de contabilidad, se puede comprobar que, desde 2003 a 2009, el período en que la patente se explotó a pleno rendimiento, la institución ingresó más de un millón de euros ($1.1 millones de dólares) cada año en concepto de derechos, generando al menos $6.6 millones de dólares en el periodo de tiempo mencionado.

Quién creyera que las patentes científicas no dejan dinero, debería replantearse esa idea. Y aunque la institución no ha dado números exactos y responden con un "Tendríamos que consultar la cifra exacta", es fácil echar cuentas.

El CSIC ha recibido el 50% de los royalties (remuneraciones por patente) sólo en concepto de esta patente. Y a pesar de que la patente venció en 2009, la investigadora junto con su equipo, ya han licenciado -a través de la empresa X-Pol Biotech, de la que forma parte la propia científica- distintas variantes de la proteína original, que resultan ser más efectivas y específicas para distintas PCR´s.

Así que en este mundo de la innovación hay de todos los sabores y colores, sólo es cuestión de que te prepares y trabajes duro.

Fuente:

www.elconfidencial.com/la-patente-mas-rentable-de-la-historia-de-espana

# ¡GRACIAS!

Queremos agradecerte enormemente por haber comprado este libro y además felicitarte por haberlo terminado de leer, eres del 1% que tiene la oportunidad de tomar y lograr más éxito.

También queremos darte algunas recomendaciones finales que te ayudarán a conseguir lo que deseas en un menor tiempo y con mejores resultados:

- **No regales este libro:** Mejor compra otro y regálalo con una dedicatoria especial para aquella persona, verás que esto le hará el día y además te permitirá volver a leer este libro una y otra vez para que vayas teniendo nuevos aprendizajes, pues cada vez que lo leas estarás preparado para recibir cierta información.

- **Pon en práctica de inmediato lo aprendido:** No dejes pasar ni un instante para empezar a practicar, olvídate de la pena (la pena para nada sirve y para todo estorba) y comienza a tener excelentes resultados, y

- **Visita, suscríbete y comparte nuestros Videos de YouTube:** hemos creado una enorme cantidad de videos gratuitos para que puedas ir perfeccionando tus habilidades de venta, ¡no dejes pasar esta oportunidad, búscanos en IGNIUSTV!.

Estamos al pendiente y para apoyarte en el perfeccionamiento de tus técnicas de ventas, escríbenos a: info@ignius.com.mx

¡Todo el Éxito!

Ana María Godínez y Gustavo Hernández

# POR ÚLTIMO

Siempre hacemos nuestro máximo esfuerzo para soluciones que sean comprensibles, claras y que generen altos resultados para las personas y organizaciones, sin embargo, quizá hayamos cometido algunos errores. **Pedimos disculpas por eso.**

Nosotros ocupamos tu valiosa retroalimentación, si por acaso tienes algo que decirnos te agradecemos que sea directamente vía email ana@ignius.com.mx. Nosotros trabajaremos en tu mensaje y corregiremos lo necesario en una versión actualizada, ¡no tengas duda!.

Si estas contento con nuestro libro siéntete libre de compartir esta felicidad con tus amigos, familia, audiencia y seguidores, ellos te lo agradecerán también.

Te estaremos eternamente agradecidos si nos das una Reseña Positiva en Amazon y tus Estrellitas. Nosotros amamos a un cliente que esta contento y feliz.

¡Te deseamos todo el Éxito en la Vida y en los Negocios!

Mantente en Contacto.

**Ana y Gustavo**

# Solicitud de Información

Para recibir la información favor de enviarnos un Email a: info@ignius.com.mx o llámanos al teléfono +52 (477) 773-0005. En Grupo Ignius nos enfocamos en elevar el desarrollo y prosperidad de las personas y organizaciones.

- Asesoría y Cursos Especializados:
    - o Ignius.com.mx
- Software de Recursos Humanos:
    - o SistemadeRH.com
- Desarrollo de Contenidos eLearning:
    - o ContenidoElearning.com
- Fundación para Mujeres Emprendedoras:
    - o DespertarFundacion.org
- Sistema de Gestión de Cursos eLearning:
    - o BigRiverLMS.com
- Cursos eLearning:
    - o BigRiverElearning.com
- Software de Administración de Ventas:
    - o AdministracionDeVentas.com